KB018469

생각연습

생각연습

초판 1쇄 인쇄 2019년 7월 10일
초판 1쇄 발행 2019년 7월 17일

지은이 ㅣ 김삼기
펴낸이 ㅣ 강인구

펴낸곳 ㅣ 누림북스
등 록 ㅣ 제2014-000144호
주 소 ㅣ 서울시 마포구 양화로 78, 502호(서교동, 서교빌딩)
전 화 ㅣ 02-3144-3500
팩 스 ㅣ 02-6008-5712
이메일 ㅣ cdgn@daum.net

교 정 ㅣ 이윤경
디자인 ㅣ 참디자인

ISBN 979-11-954647-3-9 (03040)

＊ 이 책은 신저작권법에 의하여 국내에서 보호를 받는 저작물입니다.
  출판사의 협의 없는 무단 전재와 무단 복제를 엄격히 금합니다.
＊ 책 값은 뒷표지에 있습니다.
＊ 잘못된 책은 교환하여 드립니다.

THINKING

생각연습

— 김삼기 지음 —

PRACTICE

누림북스

THINKING

PRACTICE

추천사

《생각연습》의 출간을 축하드립니다. 저자는 제가 시무하고 있는 교회의 중직(장로)이자, 저의 오랜 친구이기도 합니다. 저자는 보는 시각에 대한 초점과 사고하는 인식에 대한 관점의 변화를 경험한 분입니다. 그리고 이 경험은 올바른 도덕과 신앙에 대한 처절한 몸부림을 실천하고 있는, 지금의 저자를 이끌고 있습니다. 깨달음이란 그것이 신앙적이든 사상적이든 극의(極意)에 도달하기 위한 최초의 수단이며, 필수적인 과정이고, 궁극적인 도달점입니다. 이 깨달음에 대한 경험의 열매들을 이 책《생각연습》을 통하여 봅니다.

이 책은 자신의 관점에 대한 착상에 긍정적인 변화를 이끌 수 있는 동력을 제공하고 있다는데 그 가치가 있습니다. 따라서 이 책을 접한 많은 사람들은 똑같은 사물을 관찰할 때에도, 다른 어떤 이들에 비해서 이 동력을 통하여 보다 더 넓고 깊은 이해에 들어갈 수 있을 것입니다. 그러나 이것은 결코 거저 얻어지는 것이 아니며, 저자가 행한 것 같이 사고의 바다에 자신의 몸을 깊이 담글 때 가능한 일이 됩니다. 《생각연습》을 읽는 모든 독자들이 심연(深淵)의 행복감을 맛보길 바라며 기쁜 마음으로 추천합니다.

김경천(Ph. D. 조직신학 박사. 아세아연합신학대학교 교수)

저자 서문

27년 전 첫 시집을 냈을 때, 교보문고 신간 진열대에 올라와 있던 시집의 제목 '멀리서 다가오는 당신에게'가 마음에 들었었다. 그 이후 '멀리서 다가오는' 이라는 의미는 내 삶에 있어 매우 중요한 가치로 자리 잡게 되었다.

내가 만나는 사람, 나에게 일어나는 일, 내가 섭취하는 음식 등 나에게 다가오는 모는 것들은 갑자기 나타나는 것들이 아니라 오래 전부터 서서히 나에게로 다가왔다는 것이 내 중심에 자리 잡은 '멀리서 다가오는'의 의미다. 또한 내가 느끼고, 의식하고, 판단하고, 정리하면서 깊이 생각(사고)할 때, 많은 지혜와 가치와 희망들이 나에게 서서히 다가온다는 의미도 가지고 있다.

이 책《생각연습》은 '멀리서 다가오는 短想'이라는 콘셉트로 써왔던 글 130편을 모아 정리한 책으로, 이 책을 읽고 독자들이 공감과 생각(사고)을 통해 새로운 가치를 발견하는 연습이 되면 좋겠다.

행동연습에는 익숙하지만 생각연습에는 익숙하지 못 한 현대를 살아가는 우리들에게 도움이 되는 한 권의 책이 되길 바란다.

2019년 여름 문턱에서

김삼기

Contents
차례

추천사 _ 김경천 교수 · 5
저자 서문 · 7

제1부 Warming Up

01 자메뷰(Jamais Vu) · 12
02 갈등(葛藤) · 14
03 8989 · 16
04 조코비치 · 18
05 사사사가(士師事家) · 20
06 광복과 다른 통일이어야 · 22
07 기억력 아웃소싱 · 24
08 에어드롭(Airdrop) · 26
09 슈자선, 묘자집 · 28
10 민 부장, 김상민 · 30
11 꽃받침 · 32
12 가장 큰 효도 · 34
13 선택경영 · 36
14 사부잣집 이야기 · 38
15 포장된 목적 · 40
16 3대 · 42
17 중력과 대인관계 · 44
18 전군가도(全群街道) · 46
19 양간지풍(襄杆之風) · 48
20 디아스포라 · 50

21 유권자의 오류 · 52
22 비염과 치주염 치료 · 54
23 공기청정기와 노 본부장 · 56
24 십계명 함의 · 58
25 해남, 바다 남쪽 · 60
26 스프링클러와 비상구 · 62
27 구전문화의 비밀 · 64
28 퍼센트 함정 · 66
29 증가절삭비 · 68
30 경찰총장 · 70
31 땅따먹기 · 72
32 Core Group · 74
33 정직? · 76
34 적폐청산 · 78
35 절기산책 · 80
36 행복해 보이는 세 여성 · 82
37 과거를 현재로 · 84
38 현재의 크기 · 86
39 결혼 날 · 88
40 출구전략(Exit Strategy) · 90

제2부 Training

41 좋은 습관으로 나쁜 습관을 · 94

42 대한민국 건국일 · 96

43 5G+5D 시대 · 98

44 시작이 반이다 · 100

45 아는 것이 본질이다 · 102

46 프레임(Frame) · 104

47 빼앗긴 언어 · 106

48 달 · 108

49 일본의 대외투자 교훈 · 110

50 기억력 · 112

51 Soft Power · 114

52 잘난 체? · 116

53 포틴데이(Fourteen Day) · 118

54 익숙 · 120

55 두 변호사 · 122

56 일감 몰아주기 비밀 · 124

57 띠의 기준 · 126

58 이장 아들 스토리 · 128

59 대단한 인문학 강사 · 130

60 예정론과 자식 · 132

61 이해충돌 · 134

62 결과가 원인이다 · 136

63 안정(Stabilization) · 138

64 테라(tera), 피코(pico) 시대 · 140

65 징계와 연단 · 142

66 UN보다 큰 미국 · 144

67 Super Wednesday · 146

68 선악의 기원 · 148

69 하여(何如), 여하(如何) · 150

70 율법 · 152

71 목이구비(目耳口鼻) · 154

72 100세 인생논문 · 156

73 좌우의 교훈 · 158

74 동계스포츠 배구, 농구 교훈 · 160

75 시작이 목적이다 · 162

76 슈퍼 그리드(Super Grid) · 164

77 길목현상 · 166

78 동보 · 168

79 도(道)와 광역시의 조화 · 170

80 프레임(Frame) · 172

제3부 Relax

81 마이너스 예견의 효과 · 176

82 회상에 대한 모순과 교훈 · 178

83 한방치료가 필요한 한국당 · 180

84 투명의자 · 182

85 여행은 시공의 일탈이다 · 184

86 2→4, to→for · 186

87 근세와 근대 · 188

88 순발력 · 190

89 세 기준, 8등급 · 192

90 오상산책(五常散策) · 194

91 윤창호법, 反김성수법 · 196

92 어떤 비판 · 198

93 왜 만나 주는지 아시나요? · 200

94 예수의 개혁방향 · 202

95 블랙 프라이데이(Black Friday) · 204

96 갑질, 을질 · 206

97 추동론 · 208

98 스토브 리그(Stove League) · 210

99 다중(多衆, multitude) · 212

100 인문학 강의 · 214

101 지평융합 · 216

102 거시기 · 218

103 전자시계 · 220

104 사셀왕 이야기 · 222

105 모임 · 224

106 핵심감정과 긍정의 배신 · 226

107 험지 생존법 · 228

108 BTS · 230

109 실제존재상황 · 232

110 증인(Witness) · 234

111 DMZ, 오계, 25시 · 236

112 아름다운 비행(FLY AWAY HOME) · 238

113 적외선-가시광선-자외선 · 240

114 숙부님의 제안 · 242

115 명절별곡(名節別曲) · 244

116 Know Where · 246

117 인생보고서 · 248

118 없어지거나 멀어지는 것이 귀한 것 · 250

119 자존감 · 252

120 처음처럼, 지금처럼, 나중처럼 · 254

121 20년 후 아프리카가 기대된다 · 256

122 이사 · 258

123 New 황금비율 · 260

124 시간은 좌표에 불과하다 · 262

125 자막 · 264

126 포크레인 · 266

127 베풂 · 268

128 동욱이 · 270

129 계절을 훔쳐 간 에어컨과 히터 · 272

130 쉬운 것, 어려운 것 · 274

THINKING

제1부

Warming Up

PRACTICE

01
자메뷰
(Jamais Vu)

그룹 방탄소년단(BTS)의 새 앨범 트랙리스트가 공개된 가운데 'Jamais Vu' 뜻에 대한 팬들의 관심이 집중되고 있다.

자메뷰(Jamais Vu)는 이미 경험하거나 잘 알고 있는 상황을 처음 경험하는 것처럼 느끼는 기억의 착각현상으로 데자뷰와 반대 개념이다.

데자뷰(deja vu)는 최초의 경험임에도 불구하고, 이미 본 적이 있거나 경험한 적이 있다는 이상한 느낌이나 환상으로 프랑스어로 '이미 보았다'는 뜻을 가지고 있다.

특히 복잡하고 스피드한 세상 속에 사는 현대인들에게 데자뷰와 자메뷰 현상이 자주 나타나고 있는 것 같다.

자신이 지금 하고 있는 일이나 주변의 환경이 마치 이전에 경험한 것처럼 느껴지는 것을 데자뷰 현상이라고 하고, 자주 가 본 곳인데도 처음 온 곳으로 느껴지거나 평소 하는 일을 처음 한 것처럼 느끼는 것을 자메뷰 현상이라 한다.

방탄소년단이 정상에 오르기 전까지는 팬들이 처음 들어본 BTS의 한국 음악인데도 과거에 많이 들어 본 적이 있는 것 같은 데자뷰 현상을 경험했고, 정상에 오른 지금은 팬들이 BTS의 노래를 수백 번 들어도 처음 듣는 것 같은 신선한 느낌을 받으며 자메뷰 현상을 경험하고 있다는 생각이 든다.

우리 사회에도 정치, 경제, 스포츠 특히 연예 부분에서 국민들의 지대한 관심 대상인 스타들이 많이 있는데, 이 스타들이 초기에는 처음 보는 데도 과거에 많이 본 사람 같은 데자뷰 현상으로 비춰지고, 나중에는 자주 보는 데도 처음 보는 것 같은 상큼한 이미지의 자메뷰 현상으로 비춰져야 인기가 오래 유지될 수 있다.

만약 계속 데자뷰 현상에 멈춰 있으면 신선함이 없는 평범한 사람으로 전락하고 말 것이다.

개인도 가정이나 회사에서 날마다 보는 데도 처음 보는 것처럼 신선한 자메뷰 이미지로 살아야, 그 공동체를 살리고 행복하게 만드는 주인공으로 인정받게 된다.

그룹 방탄소년단이 발표한 곡 자메뷰(Jamais Vu)가 정상에 오른 유명 스타들과 공동체에서 중요 역할을 하는 주역들에게 신선한 바람을 불러일으키는 것 같다.

생각 연습

대인관계에서도 초기에는 가끔 만나는 데도 친근감이 있는 데자뷰 이미지로, 그리고 시간이 지나면 자주 만나도 처음 보는 것 같은 자메뷰 이미지로 비춰지면 좋을 것 같다.

나의 생각

02

갈등
(葛藤)

현대사회는 개인뿐만 아니라 지역 간의 갈등, 집단 및 단체 간의 갈등이 아직도 사회 전반에서 자주 일어나고 있으며, 이러한 갈등들이 장기간 지속되면 걷잡을 수 없는 사회문제가 된다. 전통적으로 갈등은 집단 내에서 제거되어야만 하는 부정적인 이미지로 인식되었으나 20세기에 들어와서는 집단 내에서 발생하는 자연스러운 현상의 일부로 받아들이게 되었고 20세기 후반에는 심리학에서 갈등의 의미를 재평가하면서 갈등이 새로운 아이디어를 생각해 내는 출발점이 되고 집단을 결속하는 촉매제가 되며, 욕구불만의 탈출구를 제공할 수 있는 원동력이 된다는 긍정적 주장들이 나오게 됐다.

그러나 갈등이라는 단어의 의미가 긍정적이건 부정적이건 갈등은 해소되어야 하는 숙명적인 함의가 있는 단어임을 부인할 수 없다. 갈등(葛藤)은 원래 한자로 칡나무 갈(葛)과 등나무 등(藤)이라는 글자를 조합한 것으로 두 나무의 덩굴이 칡은 왼쪽으로, 등나무는 오른쪽으로 감으며 올라가서 두 줄기가 얽히면 아주 풀기 어렵게 된다는 데서 개인이나 집단 사이에서 서로간의 의견충돌 및 마찰에 비유하여 나온 부정적인 말이다.

칡나무와 등나무는 스스로 뻗어나가지 못하고 다른 물체를 감아야만 성장할 수 있는 방향성 식물이기에, 주변에 나무나 어떤 물체가 없으면 방향성을 잃어 잘 성장하지 못한다. 우리 사회에서도 대립되는 부정적인 갈등 요소들을 자세히 살펴보면, 감고 올라갈 매개체가 있기에 두 세력이 서로 다른 방향성을 가지고 갈등 양상을 보이고 있음을 알 수 있다.

지역은 지역감정이라는 매개체가, 집단이나 단체는 집단이권이라는 매개체가, 개인은 소유욕심이라는 매개체가 존재하기에 그 매개체를 서로 다른 방향성으로 바라보면서 복잡하게 얽히게 된다. 칡나무와 등나무가 감고 올라갈 매개체가 없으면 성장하지 못하듯이, 우리 사회의 부정적인 갈등도 매개체가 없으면 갈등이 생기지도 않을 것이며 기존의 갈등도 없어지리라 생각된다. 아직도 우리 사회에 만연해 있는 지역감정, 집단이권, 소유욕심을 없애는 길이 우리 사회의 부정적인 갈등을 해소하는 지름길이 될 것이다.

긍정적인 갈등의 해소도 결국은 갈등의 원인을 제공하는 매개체를 없애는 작업에 불과하다고 볼 수 있다. 칡나무와 등나무가 콩과식물로 감고 올라가는 성질이 비슷하듯이, 갈등은 비슷한 규모나 비슷한 가치끼리 그리고 비슷한 힘을 가진 사람이나 단체끼리 만날 때 생긴다는 점도 간과해서는 안 된다.

우리는 규모나 힘에서 엄청난 차이가 남으로 갈등이 생기기도 전에 한 방향의 힘에 의해 움직였던 꽤 긴 과거의 역사를 가지고 있다.

생각 연습

갈등은 두 힘의 충돌이다. 관계에서의 갈등뿐만 아니라 개인적인 내면에서의 갈등도 방향성을 통해 융합과 성장의 길로 이해할 필요가 있다.

나의 생각

....

....

....

....

03
8989

한 달 전쯤 내가 사는 아파트 상가에 입주한 부동산중개사무소 전화번호 뒤 네 자리 8989를 보고 나는 기분이 썩 좋지 않았다.

평소 나는 기존 중개사무소 전화번호 뒤 네 자리 4949를 보면서, 우리 아파트 단지는 아파트를 사러 오는 사람이 많은 새 아파트라는 자부심을 가지고 있었기 때문이다. 새로 입주한 중개사무소가 내가 사는 아파트를 오래되고, 매물이 많은 싸구려 아파트로 전락시킨 것 같아 괘씸한 생각이 들기도 했었다.

어제 오후 새로 입주한 중개사무소 앞에서 나에게 명함을 주면서 반갑게 인사하는 중개사무소 사장에게 여기 아파트가 오래된 아파트가 아니어서 파는 사람보다 사는 사람이 많을 텐데 왜 8989를 사용했냐고 물어봤다.

그랬더니 중개사무소 사장은 "맞습니다. 그런데 새 아파트일수록 매물이 많지 않아 아파트를 사러 오는 사람들이 매물을 많이 가지고 있는 중개사무소를 찾는 경향이 있어, 매물 물량이 많다는 의미로 8989로 정했다"고 했다. 그리고 오픈한 지 한 달 밖에 안 되었는데 벌써 7건이나 중개했다며 싱글벙글 웃으면서 자랑까지 했다.

나는 8989 네 자리 번호를 사용한 중개사무소 사장이 아파트가 적당히 오래된 단지에서는 4989를, 아주 오래된 단지에서는 4949를 간판으로 내걸고 사람들의 심리를 움직이는 숫자 마케팅 덕을 톡톡히 볼 것 같다는 생각을 해봤다.

우리는 물건이 부족할 때는 사는 사람이 파는 가게를 찾고, 물건이 많을 때는 파는 가게가 사는 사람을 찾는 간단한 원리를 전화번호 마케팅전략으로 활용하고 있는 8989 중개사무소 사장의 지혜를 배워야 한다.

물론 팔고 사는 것은 구분되나 분리해서 생각할 수 없는 구조지만, 파는 가게와 사는 사람 중 어느 쪽 상황에 초점을 맞추느냐에 따라서 엄청난 결과의 차가 날 수 있음을 간과해서는 안 된다.

물건뿐만 아니라 지적재산이나 정보도 생산자와 소비자 중 어느 관점에서 접근하느냐가 매우 중요하지 않을 수 없다.

요즘 우리나라가 선진국 반열에 오르면서 모든 것이 풍부해지고 그래서 대부분의 정책이 소비자 입장에서 만들어지고 있지만, 그러나 아직도 부족한 것들이 많은 분야에서는 8989 중개사무소 사장처럼 소비자가 아닌 생산자 입장에서 그 정책이 수립되어야 할 것이다.

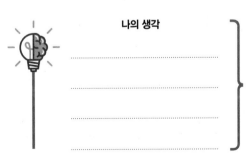

생각 연습

사람은 자신이 선 자리에 따라 보는 지평이 달라진다. 다양한 관점을 이해하는 연습이 더불어 사는 삶의 지혜다. 8989 부동산중개사무소 사장님이 보여준 발상의 전환에 주목할 필요가 있다.

나의 생각

04
조코비치

세르비아 출신 테니스 선수 노박 조코비치(Novak Djokovic)가 최근 메이저 3개 대회에서 연속 우승하면서 21주째(세계랭킹 발표 기준) 세계 1위 자리를 지키고 있어, 세계 테니스계의 빅뉴스가 되고 있다.

특히 '빅3'로 불리던 선수들 가운데 로저 페더러(3위·스위스)는 나이에 따른 기량 저하가 시작됐고, 라파엘 나달(2위·스페인)은 최근 맞대결에서 조코비치에 연패를 거듭하고 있어, 조코비치의 강세는 당분간 계속될 전망이다.

나는 2018년 1월 호주오픈 16강전에서 정현에게 패한 후, 호주 모 방송에 나와 두 번의 인터뷰를 했던 조코비치를 지금도 생생하게 기억하고 있다.

먼저 경기가 끝난 후 취재진이 조코비치에게 팔꿈치 부상에 대해 묻자, "오늘 내 부상에 대해 얘기하고 싶지 않다. 그것은 정현의 승리를 깎아내리는 행위다"라고 말했다.

그러나 당시 호주 언론은 조코비치가 한국의 신인 정현에게 패했다는 사실을 인정하기 싫어, 고질적인 통증이 있던 팔꿈치 수술을 받은 후유증 때문에 조코비치가 패했다고 보도했다. 그러자 조코비치는 자청해서 인터뷰 요청을 했고, 두 번째 인터뷰에서 "나는 경기에 나갈 때는 최상의 몸을 만들고 나가기 때문에, 언론에서 팔꿈치 부상으로 졌다고 하는 말은 옳지 않다"며 조금 화난 표정으로 보도 내용을 반박했다.

나는 두 번째 인터뷰에서 조코비치가 정현에게 패한 것보다 몸도 제대로 만들지 않고 경기에 임하는 준비가 덜 된 조코비치로 평가받는 것을 훨씬 수치스럽게 생각하고 있다는 느낌을 받았다.

조코비치는 선수가 경기에서 우승하는 것도 중요하지만, 경기를 위해 최고의 컨디션과 최고의 체력을 만드는 게 선수로서 가장 기본적인 자세라고 생각했기 때문에 그런 인터뷰를 할 수 있었다.

만약 조코비치가 호주오픈 16강전에서 정현에게 패한 후 '팔꿈치 수술 때문에 정현에게 패했다'는 멘트로 인터뷰에 응했다면, 아마 지금의 조코비치는 없었을 것이다.

조코비치처럼 우리도 어떤 일을 시작할 때, 일의 성패보다 일을 하기 위해 철저히 분석하고 기획하고 준비하는 가치에 더 큰 비중을 두어야 한다. 그리고 상대의 성공이 피나는 노력을 통해 얻은 값진 결과물이라는 사실을 인정하고, 상대를 깎아내리는 언행도 삼가해야 한다.

조코비치가 우리에게 주는 두 가지 교훈이다.

생각 연습

실패보다 더 뼈아프게 생각해야 하는 것은 실패할 정도로 열심히 노력하지 않았다는 것인데도, 우리는 실패 자체만을 생각한다.

나의 생각

05
사사사가
(士師事家)

전문직 호칭(-士, -師, -事, -家)에 대한 배경과 그 의미를 살펴보기로 한다.

선비 사(士) : 변호사(辯護士), 회계사(會計士), 감정평가사(鑑定評價士), 기능사(技能士)

선비는 학식과 인품을 갖춘 사람으로, 특히 유교이념을 구현하는 인격체 또는 신분계층을 지칭했지만, 조선시대에 들어와 이들이 나라의 벼슬을 독차지하면서 각종 분야에 선비 사(士)를 사용했다. 지금은 전문 분야의 필수 과목 시험을 통과하여 일정한 업무를 수행할 지식, 기술, 기능, 경험 등을 갖춘 자격증 소지자에게 선비 사(士)를 붙여 호칭한다.

스승 사(師) : 교사(敎師), 의사(醫師), 한의사(韓醫師), 약사(藥師), 목사(牧師), 기사(技師)

스승은 도를 깨닫고, 덕이 있고, 성현의 도를 전하고, 학업을 가르쳐 주며 의혹을 풀어주는 자로 자문할 수 있을 만큼 학식을 가진 자에게 스승 사(師)를 붙여 호칭했다. 지금은 스승 사(師)가 전문직에서도 많이 사용되고 있는데, 이는 처음 사용할 당시 전문직에 종사하는 자가 사람에게 유익이 되는 기술을 가짐으로 존경받을 만한 위치에 있었기 때문이다.

일 사(事) : 판사(判事), 검사(檢事), 도지사(道知事), 이사(理事), 집사(執事)

일 사(事)는 근대적 개념의 호칭으로 '다스리다', '일을 맡다'는 뜻으로 쓰이고 있어, 주로 나라의 큰 일꾼이나 한 조직의 일을 책임지고 있는 자에게 붙이는 호칭이다.

집 가(家) : 작가(作家), 소설가(小說家), 예술가(藝術家), 작곡가(作曲家), 화가(畫家)

집 가(家) 역시 근대적 개념의 호칭으로, 같은 호적에 들어 있는 친족 집단이 혈통을 잇는 것처럼 재능을 선조로부터 물려받았다는 의미로 붙여지는 호칭이다. 우리는 스스로가 어떤 호칭의 직업을 가지고 있는지 늘 생각하면서, 그 호칭에 대한 의미를 잘 새겨 호칭에 걸맞는 삶을 살아야 할 것이다.

의료계에서는 스승 사(師)와 선비 사(士)에 대한 재밌는 일화가 있다. 국민의료법제정 시 의사들이 "한의사는 '師'가 아닌 '士'를 써야 한다"고 주장하자, 한의사들이 이에 반발하여 결국 '師'를 쓰기로 했던 적이 있다.

또한 간호사는 '師'를 쓰고 간호조무사는 '師'를 쓰지 못하게 하여, 지금도 간호조무사는 '士'를 쓰고 있다 한다. 불과 몇십 년 전까지만 해도 우리 국민들의 정서에는 '師'가 '士'보다 더 높다는 생각이 깔려 있었던 것 같다.

생각 연습

시인(詩人)은 평범한 일상을 살아가는 사람(人)이면 누구나 자격이 되므로, 소설가(小說家)나 수필가(隨筆家)처럼 가(家)를 붙여 시가(詩家)라고 하지 않고 인(人)을 붙여 시인(詩人)이라 호칭한 것 같다.

나의 생각

06
광복과 다른 통일이어야

1910년에 나라의 주권을 빼앗긴 우리 민족은 1919년 삼일운동을 기점으로 독립 국가를 만드는 게 최대 과제였다. 그래서 우리 민족은 1919년 4월 중국 상해에 임시정부를 수립하고, 1940년에는 광복군을 창설하여 자주독립을 위해 25년 동안이나 해외에서 투쟁을 했다. 아쉬운 점은 광복군이 1945년에 국내로 들어오기 위한 진입작전을 세우고 미군과 합동작전을 계획했으나, 미처 실천으로 옮기기 전에 8.15광복을 맞고 말았다는 것이다.

광복 전까지의 독립운동 주역은 당연히 우리 민족이었다. 그런데 우리 민족의 광복은 일본과 미국이 태평양을 사이에 두고 벌어진 태평양전쟁(1941.12~1945.8)에서 일본이 미국의 원자폭탄 투하에 백기를 들면서 맞이하게 되었으니, 광복은 우리가 주역이 되지 못 했다. 어제 임시정부 지도자 후손이 모 방송에 나와 '1945년 당시 광복군이 미국의 원폭투하 전에만 국내진입을 시도했더라도 광복 후 대한민국 임시정부의 위상이 달라졌을 것이고, 남북분단도 막을 수 있었는데' 하면서 아쉬워하는 모습을 볼 수 있었다.

100년 전 오늘은 '대한민국'이라는 국호와 오늘날 헌법의 토대가 된 임시헌장이 처음 정해진 날이라 한다. 정부가 1919년 4월 11일을 대한민국 100년의 원년으로 삼고, 기념하는 이유이기도 하다.

그런데 아이러니하게도 100년 전과 최근 대한민국의 상황이 비슷하게 전개되고 있는 것을 보면서, 우리의 정체성을 챙겨야 할 때라는 생각이 들었다. 100년 전인 1919년부터 독립운동은 우리가 다 해놓고 광복의 공은 미국에 내어주었듯이, 통일 역시 우리가 오랫동안 공을 들여놓고 마지막엔 태평양을 사이에 두고 북한과 미국의 핵싸움에서 헤게모니를 쥐고 있는 미국에 공이 넘어가고 있는 분위기다.

한국시간으로 내일 새벽 문 대통령이 트럼프 대통령과 정상회담을 갖는다고 하는데, 75년 전 광복군 국내 진입 일정을 두 달 늦게 잡아 미국에 광복의 주도권을 빼앗긴 김 구 주석의 우를 범치 않기 바란다.

75년 전 태평양 전쟁에서 일본이 미국 본토 진주만을 공격하자, 미국이 일본에 원폭을 투하한 것이지, 한국의 광복을 위해 투하한 것이 아니라는 사실과, 지금 북한과 미국의 핵싸움에서 미국의 본토에 위협이 되니 미국이 북한에 제재를 하는 것이지, 한국의 통일을 위해 제재를 가하는 것이 아니라는 사실을 명심해야 할 것이다.

태평양전쟁의 승패에 묻혀버린 우리의 광복이기에 주변 강국의 간섭에 속수무책이었던 대한민국의 아픈 역사를 우리는 똑똑히 기억하고 있다.

생각 연습	나의 생각
이제 대한민국도 선진국 대열에 들어섰으니 광복과 다른 '자주 통일'을 조금 늦더라도 만들어 내야 하지 않을까?	

07
기억력 아웃소싱

어렸을 때 기억에 의하면, 할머님은 약방에서 약을 사올 때마다 항상 약포지에 날짜와 일련번호를 적어놓으셨다. 당시 60대인 할머님은 약을 거르지 않고 먹기 위한 방법으로 약포지에 날짜와 일련번호를 메겨 놓았던 것이다.

얼마전 고혈압과 당뇨약을 계속 복용하던 택시기사가 약을 먹은 줄 알고 일을 나갔다 변을 당한 기사를 보면서 할머님의 지혜가 떠올랐었다. 그런데 어제 아들 책상 위에 놓여 있는 약포지를 보고 나는 깜짝 놀라지 않을 수 없었다. 9개의 각 약포지에는 아들 이름, 날짜, 일련번호, 아침 점심 저녁 구분, 그리고 감기(기침, 콧물)라는 약명까지 모든 조제 정보가 적혀 있었기 때문이었다.

나는 아들의 약포지를 보면서 사람의 기억력도 이제는 시스템에 맡기는 아웃소싱시대가 되었음을 실감했다. 네비게이션이 보급되면서 평소 알던 길도 기억이 희미해지고, 스마트한 약포지로 인해 사람의 기억력이 점점 감소하는 것도 왠지 기억력 감소 문제가 아닌 아웃소싱 문제라는 생각이 들었다.

산업화시대 초기까지만 해도 사람은 뇌에 많은 정보를 저장하기 위해 암기를 해야 했지만, 그 이후로 문명이기가 등장하면서 사람은 기억능력을 서서히 과학이나 기계에 의존했고, 특히 인터넷시대를 맞이해서는 컴퓨터나 모바일에 엄청난 양의 정보를 저장할 수 있어 더 이상 암기가 필요 없는 시대가 되었다.

30년 전만 해도 수백 개의 전화번호를 외웠고, 필요한 정보들을 다 외웠지만, 지금은 외우지 않고 모바일만 잘 활용해도 된다.

사람이 해야 하는 운전을 자율주행차가 스스로 알아서 하는 것을 두고 사람의 기억력 감소와 연관지어 생각할 사람은 없을 것이다.

농경시대와 산업시대에는 사람이 흙의 노예와 기계의 노예로 살아왔지만, 지금은 사람이 컴퓨터와 모바일뿐만 아니라 로봇과 IoT(사물인터넷)와 AI(인공지능)까지도 노예로 거느리고 사는 시대가 되었다.

생각 연습

흔히 우리가 말하는 기억력 저하는 사람이 컴퓨터, 모바일, AI 같은 보조수단을 활용하면서 생기는 현상으로, 기억력 저하 보다는 기억력 아웃소싱으로 이해하면 어떨까? 지엽적인 기억은 아웃소싱하고 더 넓고 창의적인 사고를 할 기회를 얻었다고 생각하면 좋겠다.

나의 생각

....

....

....

....

08
에어드롭
(Airdrop)

에어드롭(Airdrop)은 전술적 상황이 시간적·지형적으로 제한받고 있을 때, 아군의 작전지역이나 고립지역에 필요한 병력과 장비 및 물자를 공중에서 투하하는 것을 의미하는 전술용어다. 에어드롭은 미군이 월남전쟁 때 밀림지역의 한계를 극복하기 위해 사용했던 전술이기도 하다.

그런데 요즘 우리 사회에서는 모바일 기능 에어드롭(Airdrop)이 새로운 이슈로 떠오르고 있다. 애플사가 IOS7 운영체제를 출시하면서 나온 에어드롭은 아이폰 사용자들끼리 사진이나 동영상을 간편하게 주고받을 수 있는 서비스로, 연락처가 저장된 친구뿐만 아니라 불특정 다수에게도 전송할 수 있는 기능을 가지고 있다.

문제는 반경 9m 내에 있는 다수에게 신원을 밝히지 않고 사진이나 동영상을 보낼 수 있다는 데 있고, 이를 악용해 지하철이나 사람이 많이 모인 장소에서 음란물이나 불법 동영상 등을 무차별 배포하는 에어드롭 테러가 자주 일어난다는 것이다.

원래 에어드롭의 순기능은 신원을 밝히지 않고 놀이나 의사소통을 하면서 긍정적인 효과를 창출하는 것으로, 예를 들어 지하철에서 노약자가 서 있을 때 에어드롭을 이용해 주변 사람들에게 "노약자에게 자리 양보 부탁합니다"라는 메시지를 보냄으로 자리 양보 효과를 만들어 내는 것이다. 최근 정부가 에어드롭 테러라고까지 언급하며 성희롱 단속에만 공을 들이고 있는 모습이 에어드롭의 순기능까지 훼손하는 것 같아 안타깝기만 하다.

에어드롭의 역기능을 단속하고 보완하되 순기능을 살리는 데 더 중점을 두어 에어드롭 에티켓이 자리 잡도록 노력해야, 전쟁에서 에어드롭(공중투하)이 아군에게 필요한 것들을 채워 주며 믿음을 심어 주듯 모바일 문화에서 에어드롭이 우리 사회를 더 건전하게 만들 것이다.

정부의 모든 정책이나 행정에서도 역기능이 발생했을 때, 역기능을 단속하거나 무마시키기 위해 노력하는 것도 중요하지만, 근본적으로 순기능을 강화시켜 역기능을 정복하는 방법이 우선적으로 고려되어야 한다.

전철이나 공공장소에 에어드롭 에티켓 홍보물을 붙여서라도 에어드롭의 순기능을 강화시킬 때인 것 같다.

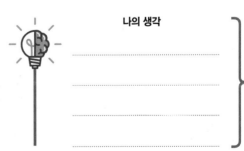

생각 연습

현상으로 나타나는 성 문제를 근본적으로 해결해야 하되, 젠더 이해를 더 건강한 방향으로 설정해야 할 필요가 있다. 긍정을 강화함으로 부정을 발 붙이지 못하게 해야 하지 않을까?

나의 생각

....

....

....

....

09
슈자선, 묘자집

　최근 대한민국 위상 중 특히 K-pop의 위상이 하늘을 찌르면서 전 세계를 향한 한글 보급도 덩달아 속도를 내고 있다.

　방탄소년단을 영어로 번역해서 BT boy's club 등으로 표현하지 않고, 한글을 영어 문자로 표현한 BTS로 사용하고 있는 것만 봐도 한글의 위상이 얼마나 높아졌는지 알 수 있다. 외국인도 BTS를 '방탄소년단'이라고 읽어야 하고 그 뜻을 알려면 한글을 알아야 하기 때문이다.

　우리는 어느 분야에서 위대한 업적을 달성할 때마다 금자탑을 쌓았다고 한다. 금자탑(金字塔)은 피라미드를 상징하는 한자로 金자 모양이 거대한 탑 안에 왕이 안치되어 있는 것과 닮았다 해서 金字 塔, 즉 金字塔이라 일컫게 되었다 한다. 금자탑은 한자 그 자체의 뜻을 뛰어 넘어 글자 모양으로 파생되어 적용됨으로 한자의 저력을 보여 주는 좋은 예라고 볼 수 있다. 금자탑에서 힌트를 얻어 한글 문자 모양을 적용한 '슈자선'이라는 단어를 만들어 봤다.

　슈자선은 한글 '슈'자 모양을 닮은 우주선이나 인공위성을 상징하는 파생어라 할 수 있다. 올 연말쯤 '2019년 경제 분야에서 금자탑을 쌓아 올린 대한민국이 2020에는 통일 분야에서 슈자선을 쏘아 올려야 한다'와 같은 기사가 나온다면 한글의 위상이 조금이나마 올라가지 않을까 생각해 본다.

금자탑이 과거의 위대한 업적을 의미한다면, 슈자선은 미래의 위대한 추진력을 의미하는 파생어다. '묘자집'도 한글 문자 모양을 딴 신조어가 될 수 있을 것 같다. 한글 '묘'자 모양이 지상 1층이 기둥으로 되어 있는 필로티 구조와 비슷해, 필로티 건물을 묘자집으로 사용하면 어떨까?

'묘'라는 단어의 의미가 죽음이나 어둠을 연상케 하는 게 아니라 안식을 의미한다고 생각하면 묘자집이라는 표현이 그리 나쁘지 않을 것 같다. 암튼 슈자선이나 묘자집 같은 한글 문자 모양에서 파생되는 단어가 많이 사용되면 좋겠다는 생각을 해 본다.

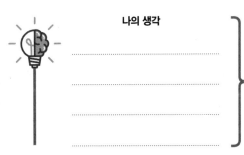

생각 연습

동남아뿐만 아니라 유럽에서도 한글 열풍이 불고 있다. 언어는 생물같고 역사 문화에 따라 진화한다. 한글을 더 창의적으로 사용하는 방법을 모색해 보자.

나의 생각

10
민 부장, 김상민

2018년 초 구로디지털단지 내 모 IT회사를 방문했을 때, 전 직원 18명은 모두 성이 김(金)으로 같았고, 김 사장 외 김 이사가 2명, 김 부장이 4명, 김 과장이 4명, 김 대리가 6명이었다. 그런데 어제 오후 다시 방문했을 때, 김 사장은 민 부장을 불러 회사 자료를 가져오라고 했는데, 민 부장은 1년 전 김 부장(김상민)이었다.

김 사장은 민 부장이 나가고 난 뒤 의아해하는 나에게 전 직원 성(金)이 같아 호칭을 부를 때 혼선이 잦아지자 성을 대신해서 이름 중 상징적인 한 자를 호칭으로 부르게 됐다고 말해줬다.

김상민 부장의 경우 이름 상민 중 민 자를 성(金) 대신 사용해서 민 부장으로 부르게 됐다는 것이다(다만 명함에는 부장 김상민이라 넣고, 부를 때만 민 부장이라고 부른다는 것). 그래서 회사 내에 사장 자신만 성을 사용한 김 사장을 호칭으로 사용하고 다른 직원들은 모두 성(金)이 아닌 이름에서 한 자를 골라 호칭으로 사용하고 있다면서, 젊은 직원들이 매우 긍정적으로 받아들이고 있다고 자랑했다.

지금은 익숙해져서 거래처에서도 김상민 부장을 김 부장이라 부르지 않고 민 부장이라고 자연스럽게 부르고 있다고 했다.

원래 성명은 성과 이름을 아울러 이르는 말로 성은 가계(家系)를 나타내고, 이름은 개인의 특징을 나타내고 있다. 또한 씨족사회나 대가족사회에서는 가문의 계보가 중요하기에 이름에서 행렬을 정해 놓고 행렬에 맞춰 이름을 지었다('종'자 행렬:종필, 종호, 종태, 종규, 종석 등).

결국 이름을 지을 때 성과 행렬 자를 빼고 나면 한 자만으로 그 사람의 특징을 나타낼 수밖에 없는 우리나라 성명의 구조다. 구로디지털단지 IT회사의 직원들이 성과 행렬 자를 뺀 나머지 한 자를 성 대신 대표 호칭으로 부른다는 게 어찌 보면 상당히 의미 있는 발상이라 생각된다.

우리는 가문이라는 단어가 우리 곁에서 멀어지고 있는 사회 속에 살고 있다. 내 이름 석 자 중 나를 가장 잘 표현하는 단어가 무엇인지 살펴보고 그 단어를 자신의 호칭으로 사용해도 전혀 어색하지 않은 시대가 곧 도래할 것이다.

생각 연습

서구사회처럼 공식적관계는 '성'으로 사적관계는 '이름'으로 부르는, 개인과 관계성이 공생하는 사회를 희망해 본다.

나의 생각

....

....

....

....

11
꽃받침

1주일 전만 해도 출근길 양옆으로 벚꽃이 화사하게 피어 있더니, 오늘 아침엔 어제 내린 비를 견디지 못했는지 벚꽃을 보내고 쓸쓸히 벚나무에 달려 있던 벚꽃의 꽃받침이 땅바닥에 내동댕이쳐져 있었다.

원래 꽃은 꽃잎, 꽃받침, 암술, 수술로 이루어져 있는데, 우리는 눈에 잘 띄고 다양한 색을 띠는 꽃잎만을 꽃으로 인식하니 오늘 아침 땅바닥에 떨어져 있는 꽃받침에 사람들의 관심이 있을 리가 없었을 것이다.

꽃에 있어 수술은 꽃가루를 만들고, 암술은 수술에서 꽃가루를 받은 후 열매를 맺고, 꽃잎은 암술과 수술을 보호하고, 꽃받침은 암술과 수술, 꽃잎까지 다 보호하는 역할을 한다.

작년 가을에 형성된 벚나무의 꽃눈이 추운 겨울을 버티고 이른 봄에 활짝 필 수 있도록 보호하고 감쌌던 꽃받침인데도, 우리는 왜 화려한 꽃에만 의미를 부여하는 걸까?

꽃은 식물의 생식기관이기에 수술이 만든 꽃가루와 암술이 만나 수정하여 씨를 만들어 번식을 하는 중요한 역할을 한다. 식물의 번식 차원에서 암술과 수술은 수정이라는 핵심 역할을 하고, 꽃잎은 수술이 만든 꽃가루를 암술로 옮겨야 할 때 도와주는 벌이나 나비 같은 곤충을 유인하는 역할을 하지만, 꽃받침은 오랜 기간 동안 꽃 전체의 울타리가 되어 꽃눈을 품고 있다가 꽃눈이 피기 시작하면 그때부터 꽃이 땅에 떨어지지 않도록 지탱해 주는 역할을 한다. 우리 사회도 사회의 가치를 지키고, 보호하고, 지탱하고 있는 낮은 사람들이 있기에 이 사회의 주역이나 이 사회에서 대접받는 스타들이 생존할 수 있음을 명심해야 한다.

소나무의 솔방울은 소용돌이 모양의 나선형으로, 이 나선의 수를 세어 보면 1, 2, 3, 5, 8 순서로 되어 있다. 12세기 이탈리아 수학자 피보나치가 발견했다고 해서 피보나치 수열이라고 한다. 앞의 두 숫자를 더하면 그다음 숫자가 되는 규칙을 가지고 있는 솔방울의 원리는 아마도 통풍도 잘 되고, 서로의 결속을 유지하기 위한 황금 비율이다.

우리 사회에서 꽃받침 역할을 감당하는 대중의 모습이 솔방울처럼 질서 정연하고 서로 소통도 잘 되서 우리 사회를 더 건강하게 보호해 줄 수 있는 힘을 가지면 좋겠다. 오늘 아침 출근길 땅바닥에 떨어져 있는 벚꽃의 꽃받침이 지금 우리 대중의 모습이라는 게 아쉬울 뿐이다.

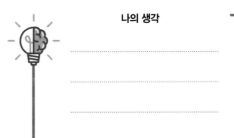

생각 연습

자연은 생존을 위해 경쟁을 하면서도 경쟁을 위해 최대 효율을 찾는다. 내가 나타낼 수 있는 효율을 고민해 보면 좋겠다.

나의 생각

....

....

....

....

12
가장 큰 효도

오늘 오후에 국립중앙의료원 호스피스병동에 입원해 계신 친구 어머님을 찾아뵐 생각이다. 20년 전에는 건강하신 모습이었는데, 이제는 머리도 백발이고 몸에 살도 없이 초췌한 모습일 것 같아 벌써부터 마음이 무겁기만 하다. 그래도 어머님을 위해 사회복지사 자격증도 따고, 바쁜 일정을 뒤로 미루면서까지 어머님 곁을 지키고 있는 친구가 있어 다행이라 생각했다.

효도는 부모님이 건강하실 때 하는 것도 중요하지만, 부모님이 몸도 움직이지 못할 정도로 병이 악화되어 자신의 죽음을 감지했을 때, 부모님 곁을 지켜드리는 것이 가장 큰 효도일 것이다. 대부분의 사람들은 사랑과 축복을 받고 태어나 최소한 청소년기까지 15년 동안은 부모의 보호를 받으며 인생을 힘차게 시작하지만, 병들어 죽기 전까지 몇 년이나 몇 개월 동안은 가장 비참한 모습과 쓸쓸한 마음으로 인생을 마무리하게 된다.

만약 병들어 죽기 전까지 누군가로부터 사랑을 받고 관심의 대상이 되었다면 그렇게 비참하지 않겠지만, 가족조차도 외면하는 세상이 되었으니 참으로 안타까운 현대인의 마지막 인생 여정이 아닐 수 없다.

특히 병들면 그때부터 가족이나 친구들로부터 외면당하고, 가족여행이나 동창들의 모임에서도 배제되는 상황들이 죽음을 재촉하는 원인이 되기도 한다.

우리는 흔히 부모님이 큰 병을 앓거나 정신적인 질환으로 어린애 같은 상태가 되었을 때, 그 상황을 부모님의 입장에서 이해하기 보다는 자신의 입장에서 쉽게 인정하고 행동하는 우를 범하는 경우가 많다.

몸이 불편한 부모님이라고 인정해 버리니, 주변 사람들에게 피해를 준다는 핑계로 결혼식장에도 만찬 자리에도 영화관에도 가족여행에도 부모님을 빼 버리는 것이다. 앞서 말했듯이 효도 중 가장 큰 효도가 부모님의 마지막 여정을 지켜 드리는 것이라면 부모님이 어떤 상황일지라도 부모님 입장에 맞춰 최소한 행동하고 같이 해야 한다는 말이다.

부모님은 우리를 15년이나 아니 평생을 보호해줬는데 우리는 불과 몇 년이나 몇 개월도 돌보지 못하고 그냥 아픈 사람으로 취급하면서, 내 체면이나 주변 분위기를 위해 부모님과 같이 해야 할 영역에서 부모님을 제외시켜서는 안 된다. 나는 몇 년 전 어머님이 요양병원에서 2개월 동안 인생의 마지막 여정을 보내실 때, 더 적극적으로 함께하지 못한 것을 지금도 후회하고 있다.

생각 연습

혹시 몸이나 정신이 불편한 부모님이 계시다면, 부모님 입장에서 생각하고 함께하는 시간을 가지시면 어떨까? 오늘 친구를 만나면 어머님의 마지막 길을 끝까지 보살피며 함께하라고 전해 줄 생각이다.

나의 생각

....

....

....

....

13
선택경영

50여 년 전 동네 아저씨들이 모여 우리 논일이나 밭일을 하실 때면 언제나 어머님은 초등학교 3학년인 나에게 막걸리를 사 오라고 하셨고, 나는 2km쯤 되는 면소재지에 하나 밖에 없는 주막에 가서 막걸리를 사 오곤 했다. 그런데 내가 5학년쯤 되었을 때 면소재지 주변에 막걸리를 파는 주막이 두 곳이나 더 생겨, 나는 심부름 갈 때마다 어느 가게에서 사야 할지 선택을 해야만 했다.

어머님은 당시 가게를 지정하지 않고 나에게 선택권을 주었기 때문에 나는 세 곳을 돌아가며 이용하다 매번 사탕 하나를 주며 심부름을 잘해서 착하다고 칭찬해 주는 가게를 단골로 다니며 이용했다. 나는 당시 막걸리 심부름에서 난생 처음으로 매우 진지하게 선택에 대해 고민해 본 경험을 잊을 수가 없다. 내가 초등학교 다닐 때만 해도 우리의 생활은 지금보다 훨씬 단순했기에, 치약 하나를 살 경우 마을에 단 하나 있는 가게에 들러서 치약 사러 왔다고 말만 하면 가게 주인은 단일 제품인 럭키치약을 주었다. 그러나 지금은 일단 집에서 나오면서부터 주변의 3-4군데의 슈퍼 중 어디를 가야 할지 선택을 해야 하며, 또 가게에 들러서도 수십 종류의 치약 중 어떤 것을 선택해야 할지 고민을 해야 한다.

이렇게 많은 선택이 요구되는 현대를 사는 우리에게는 선택을 얼마나 잘 하느냐가 성공을 좌우할 수 있다. 그렇기 때문에 우리는 학교, 직업, 배우자, 거래처뿐만 아니라 말씨나 태도 하나하나에도 보다 나은 선택을 위해 여간 신경을 쓰지 않으면 안 된다.

오늘도 엄청난 양의 정보가 인터넷을 통해 수많은 교류를 하면서 정보소비자들에게 제공되고 있으며, 지금 이 순간도 정보소비자들은 선택을 클릭하고 있을 것이다. 어찌 보면 상당히 철학적인 소리같이 들릴지 모르지만, 21세기는 개인이나 기업이나 국가가 선택하고 선택되어지는 논리 속에서 흥망성쇠를 반복하고 있다고 조심스럽게 추측해 볼 수도 있다.

기업이 새 사업 및 새 상품을 기획하고 새 고객을 찾는 것도 선택이며, 인사 관리, 거래처 관리, 영업 관리 그 모두도 선택을 해야 하는 선택경영을 잘해야 성공할 수 있을 것이다.

TV나 신문광고를 통해 엄청난 돈을 투자하여 선전하는 것도 고객들로부터 선택받기 위한 것이라고 말할 수 있다. 날마다 반복되는 일도 자세히 보면 효율성과 개혁 차원에서 선택의 연속임을 알 수 있다. 우리는 개인이건 기업이건 국가건 선택경영을 해야 하는 시대에 살고 있다.

생각 연습

우리 모두는 하루에도 수백 번의 선택을 하고 있다. 선택을 통해 자기주도형 삶에 대한 자기정체성을 확인할 수 있으면 좋겠다.

나의 생각

14
사부잣집 이야기

철수는 사부잣집 막내로 태어나, 공부도 제일 잘하고, 심성도 착하고, 매사에 부지런하여 부모님의 사랑을 다른 형들보다 더 많이 받고 자랐다.

철수는 공무원이 되고 싶었지만, 증조할아버지의 유언(내 자손들은 모두 내가 창업한 이 두부공장을 키우는 데 전념하라)에 따라 부모와 형들처럼 두부공장에 들어가 20여 년 동안 열심히 일했다. 형들은 두부공장에 관심도 없었고 게을러서 억지로 공장 일에 참여했지만, 철수는 많은 인맥을 동원하여 회사의 외형을 키우고, 생산라인도 최신식으로 바꿨다. 그래서 철수는 자타가 인정하는 두부공장의 후계자였다.

사부잣집 두부공장 창업 100주년을 맞이하여 철수 아버지는 아들 3명을 불러 놓고 이제 너희들 중 한 명을 후계자로 세워야 하는데, 방법은 너희들 증조할아버지가 가르쳐 준 제비뽑기로 하겠다고 선언했다. 그리고 철수 아버지는 제비뽑기 장소로 증조할아버지가 잠들어 있는 가족공원으로 정했으니, 함께 출발하자고 말했다.

그런데 철수는 갑자기 멀미가 나서 도저히 차를 탈 수 없게 됐고, 30분쯤 기다렸던 아버지와 형들은 먼저 출발하고, 철수는 멀미가 가시면 뒤따라가기로 했다. 철수가 가족공원 입구에 도착했을 때, 아버지와 형들 모두는 산사태로 저 세상 사람들이 되어 있었다. 그 후 철수는 두부공장 사장이 되어 회사를 잘 운영하며 행복하게 살았다.

사람들은 철수네 조상들이 게으른 형제들에게 두부공장을 물려주지 않고 철수에게 물려주려고 철수에게 멀미나게 했다며, 사람은 착하고 열심히 살아야 조상이 도와준다는 교훈을 깨달았다. 지금까지 우리나라에서 전해 내려오는 이야기들 대부분은 이 철수 이야기 처럼, 작은 교훈 하나를 얻기 위해서 전체를 무너뜨리는 식이었다.

아버지와 형들은 죽고 멀미로 인해 살아남은 철수가 두부공장 후계자가 되었다는 이야기보다, 철수가 멀미하지 않고 제비뽑기를 해서 후계자가 되지 못했지만 형들을 잘 보필해 형들과 행복하게 살았다는 전체를 살리는 이야기로 전개되지 않았다는 게 안타까울 뿐이다.

부모 형제까지 버리고 혼자만 잘 먹고 잘살면 된다는 우리 사회의 풍토가 사부잣집 이야기같이 소(小)를 위해 전체를 죽이는 식의 스토리를 듣고 자란 우리들의 모습이 아닌가 하는 생각이 든다.

생각 연습

사부잣집 이야기는 내가 만들어 낸 이야기이다. 우리는 공동체를 죽이고 혼자 잘되는 이야기의 주인공이 되기 위해 힘쓰기 보다, 공동체와 개인 모두가 잘되는 이야기의 주인공이 되도록 힘쓰는 것이 좋겠다는 생각이다.

나의 생각

....

....

....

....

15
포장된 목적

우리 사회는 아직도 자신의 목적을 포장한 소수의 사람들의 의도에 의해 진행되는 사회현상을 익숙하게 받아들이고 있다. 이러한 모순된 상황이 오래가면 갈수록 우리 사회는 더 불안해지고 목적을 상실하게 되어 혼란스러울 수밖에 없을 것이다. 포장된 목적이 사회를 질식시키기 때문이다.

사람이 하는 모든 일에는 항상 그 일의 목적이 있는데, 자세히 살펴보면 그 목적은 포장된 상태에서 숨겨져 있는 경우가 더 많다.

목적은 긍정적이나 의도적으로 하는 행위는 부정적이지 않을 수 없다. 우리는 방송을 통해 성공한 사업가들의 인터뷰를 자주 보는데, 그들은 궁극적으로 돈을 벌기 위한 수단으로 고객을 대하는 자신만의 노하우를 의도적으로 활용하고 있음을 알 수 있다.

돈을 많이 번 사업가만을 성공한 자로 보고 인터뷰 대상으로 삼고 있는 현실이 이를 증명하고 있다. 대인관계에서도 상대방에게 친절하게 대하면 자신에게 뭔가 이익이 돌아오니까 상대방을 위해 배려하는 것은 그 배려가 의도된 것이라 할 수 있다.

배려의 목적이 자신에게 돌아오는 이익이 아닌 상대방 입장에서 상대방이 기뻐하는 것이어야 친절하게 잘해 주는 행위가 의도적이지 않다고 볼 수 있다.

우리가 선한 일을 할 때도 진정한 목적이 무엇인지 그리고 자신의 유익이나 자랑이 목적이 아닌지 꼭 점검할 필요가 있다. 만약 자신을 위한 선행이라면 그것은 목적이 아니고 의도된 행위일 뿐이라는 것을 명심해야 한다. 선행 자체를 목적으로 삼아 얻는 기쁨까지 부정적으로 말하는 것은 아니다.

어제 고등학교 동창 세 명과 저녁식사를 하면서 어느 누구도 자신을 포장하지 않고 있는 그대로를 보이면서 즐거운 시간을 가졌다.

포장된 목적이 난무한, 그래서 우리 사회를 질식시키고 있는 환경 속에서 모처럼 맑은 공기를 마실 수 있었다.

생각 연습

요즘 사회 곳곳에서 포장된 목적이 드러나는 것을 보면서, 안타깝다는 생각도 들었지만 한편으로는 다행이라는 생각도 들었다. 진심을 다하는 곳, 진심을 다하는 사람이 대접받는 사회가 되길 소망한다.

나의 생각

16
3대

만약 철수네 가계 혈통의 모든 사람이 아들 한 명만 낳고, 30세에 결혼하고 90세에 죽는다면, 30년 단위로 세대가 이어지게 된다.

철수가 태어날 때 철수는 0세, 부모는 30세, 조부모는 60세고, 철수가 결혼할 때 철수는 30세, 부모는 60세, 조부모는 90세가 된다. 철수가 할아버지가 될 때 손자는 0세, 아들은 30세, 철수는 60세고, 철수가 죽을 때 손자는 30세, 아들은 60세, 철수는 90세가 된다. 철수는 90평생 3대와 함께 살되, 부모와 자식과는 60년을, 조부모, 손자와는 30년을 살게 된다.

최근 우리나라 사람들의 평균수명이나 평균결혼연령을 볼 때, 현재 청년 입장의 가계 구도가 위 철수네 가계 구도와 비슷할 것 같다는 생각이 든다. 과거에도 평균수명이 60세일 때는 주로 20세에 결혼하고, 평균수명이 75세일 때는 주로 25세에 결혼하는 추세로 역시 3대에 걸쳐 가계의 삶이 이어져 왔다. 물론 결혼 시기가 빨랐던 가계는 4-5대까지 함께 사는 경우도 있었지만, 대부분의 가계는 3대에 걸쳐 함께 살았다고 볼 수 있다.

옛날에는 3대가 같이 사는 대가족시대였지만 지금은 3대가 각각 따로 사는 핵가족시대로 3대의 가계 구조가 무너지는 것 같지만, 그래도 3대가 혈통을 중요시하며 서로 도와가며 생활하고 있는 것도 사실이다.

만약 올해 60세인 사람이 있다면, 자녀가 30에서 60세까지 활동하는 모습과 손자가 0세에서 30세까지 성장하는 모습과, 그리고 자신이 60세에서 90세까지 늙어가는 모습을 보면서 30년 동안 3대의 삶 속에서 살 것이다.

올해 60세인 사람에게 자녀는 지금까지 30년 동안 같이 살았지만, 손자는 아직 같이 산 적이 없기에 손자와의 관계를 어떻게 30년 동안 만들어 가느냐도 중요하다. 또한 30세인 자녀도 60세인 부모와 앞으로 30년 동안 어떤 좋은 관계로 살 것인지, 그리고 할아버지, 할머니와 손자의 30년 동안 관계를 어떻게 유도할 것이지 고민해야 한다.

우리는 90 평생 동안 부모, 자식과는 삶 전체의 $\frac{2}{3}$인 60년을 함께 살고, 조부모, 손자와는 삶 전체의 $\frac{1}{3}$인 30년을 함께 살고, 부부와는 $\frac{2}{3}$인 60년을, 형제와는 한 평생 90년을 함께 산다. 3대가 어우러져 가는 인생 대장정이 축복의 행진 같다.

생각 연습

필자의 나이는 올해 60세다. 앞으로 남은 30년 동안 자녀와 손자들에게 지난 60년 동안 경험에서 얻은 소중한 가치들을 알려 주며 살려고 한다.

나의 생각

17
중력과 대인관계

질량이 있는 모든 물체 사이에는 서로 끌어당기는 만유인력이 작용하며, 특히 지구가 물체를 잡아당기는 힘을 중력이라 한다. 그래서 지구 위의 모든 물체는 만유인력에 의해 지구로 떨어지는 지구 중심적인 원리 속에 존재한다.

중력은 신이 우리에게 준 가장 자연스러운 현상이자 가장 큰 혜택이라 할 수 있다. 수평으로 이동하거나 아래에서 위로 이동하는 다른 공간운동은 많은 에너지가 필요하지만 중력에 의해 높은 곳에서 낮은 곳으로의 이동은 에너지가 전혀 필요하지 않다.

어제 주룩주룩 내리는 봄비를 보면서, 빗물이 모여 시냇물이 되고 강물이 되어 높은 곳에서 낮은 곳으로 흐르는 중력의 원리가 매우 자연스러운 대자연의 순리임을 새삼 느꼈다.

병원에 입원해 있는 환자는 낮은 곳에 링거액을 두면 환자 몸의 피가 역류하여 위태롭게 되기 때문에, 언제나 중력의 원리에 따라 링거액을 높은 위치에 달아 두어야 한다. 또한 물의 낙차를 이용해 전기를 생산하는 수력발전소나 하늘을 나는 비행기가 중력과 앞으로 나가려는 추진력에 의해 원하는 데로 갈 수 있는 것도 인류가 중력의 원리를 활용한 예라 할 수 있다. 사람의 대인관계도 중력의 원리에서 힌트를 얻을 수 있다.

　내 주변에서 함께하는 이웃의 위치를 어디에 놓아야 할까? 높은 곳으로부터 낮은 곳으로의 중력의 원리에 의하면, 내 이웃을 나 보다 더 높은 위치에 놓아야 그로 인해 나에게 기쁨과 행복이 유입되며 대인관계도 힘들지 않으리라 생각한다.

　이웃을 나보다 높이는 것은 상대적으로 내가 낮아지는 것을 의미한다. 이웃을 배려하고 이웃 입장에서 먼저 생각하고 섬기는 관계를 형성해야 내가 낮아지게 된다. 만약 이웃을 나보다 낮게 설정해 놓고 그 이웃으로 인해 기쁨을 얻으려고 한다면 물체를 낮은 곳에서 높은 곳으로 이동시킬 때 무척 힘든 것처럼 대인관계에서 유익을 얻기가 매우 힘들 것이다.

　이웃을 위해서 자신을 낮추고 헌신하는 사람은 엄청난 행복과 말할 수 없는 기쁨이 넘치는 사람이며, 반대로 이웃을 낮추고 자신을 높이고 누리기를 좋아하는 사람은 잠시 느끼는 만족과 함께 늘 불안과 초조가 따르는 사람이다.

생각 연습

이웃을 높이는 방법으로, 이웃의 장점과 단점을 찾아 그 장점은 존중하고, 단점은 내가 가진 능력으로 보완해주면 어떨까?

나의 생각

18
전군가도
(全群街道)

전군가도는 전주(全州)와 군산(群山) 두 도시를 잇는 길이가 46.4km인 도로로, 일제에 의해 건설된 국내 첫 도로이면서 최초의 아스팔트 포장길이기도 하다. 안타까운 것은 전군가도가 일본이 김제평야에서 생산되는 쌀을 수탈하기 위해 만들었으며, 이 도로를 만들기 위해 우리 국민들의 많은 피와 땀이 배어 있는 도로라는 점이다.

전군가도는 내가 고등학교 1학년 때 1년 동안 학교를 다니던 통학 길이었고, 그때 도로 확장공사를 하게 되면서 도로 양쪽에 벚나무를 심었던 모습이 생생한 나에게는 추억의 도로다. 얼마 전 전군가도를 지나면서 도로 양 옆에 늘어진 초췌한 모습의 벚나무를 보고 45년의 세월을 체감할 수 있었다.

매년 4월 중순이면 전군가도에서 벚꽃 축제가 열리는데, 진해와 여의도 벚꽃 축제와 함께 우리나라 3대 벚꽃 축제에 든다고 한다. 그런데 벚꽃은 일본 국화이고, 전군가도의 벚나무를 기증한 사람이 재일교포라는 데 우리는 불편하지 않을 수 없다.

100여 년 전 일제에 의해 한반도에 상륙한 벚나무는 해방 이후 뿌리째 뽑혀 나가는 청산 대상이었지만, 1960년대 들어 재일교포와 일본인이 대거 기증하면서 다시 한반도에 벚꽃이 자리를 잡았다고 한다.

몇 년 전 미국 뉴저지주 팰리세이즈파크시에 세워진 위안부 추모비에 대해 일본이 철거를 요구하면서 벚나무 기증을 조건으로 제시했다는 기사를 보고, 우리 국민들은 벚꽃을 군국주의 연장선에서 활용하고 있는 일본에 대해 분개한 적이 있었다. 그러나 지금은 우리 국민들이 봄철에 제일 좋아하는 꽃이 벚꽃이니, 이를 어떻게 받아들여야 할지 참으로 아이러니하다.

벚꽃은 일본 국화이기 전부터 벚꽃이었지만, 그래도 일본 국화인 것은 사실인데 매년 4월에 우리나라 해군의 중심부인 진해와 우리나라 법을 만드는 국회 그리고 일제가 수탈을 목적으로 만든 1호 도로인 전군가도에서 벚꽃 축제가 열리고 있다는 점이 너무도 안타까운 현실이다.

그리고 우리나라 국화인 무궁화나무는 해외에서는 말할 것도 없고 국내에서조차 잘 볼 수도 없으니 이를 어떻게 이해해야 할지 답답할 뿐이다. 나도 봄에 화사하게 피는 벚꽃을 좋아하지만, 그 벚꽃이 한반도에 상륙한 의도를 생각하거나 가끔씩 불거지는 일본의 역사왜곡의 목소리를 들을 때마다 기분이 썩 좋지 않은 것은 사실이다.

그래도 전군가도의 벚꽃 축제에는 꼭 가 보고 싶다.

생각 연습

벚꽃의 원산지는 제주라고 한다. 우리나라가 일본을 포용하는 상징적인 꽃이 벚꽃이라고 자위라도 해야 할 것 같다.

나의 생각

19
양간지풍
(襄杆之風)

　금번 강원도 산불은 전봇대 고압선과 신당에서 발화됐다고 추정되지만, 실제 대형 산불로 번진 가장 큰 원인은 양간지풍(襄杆之風)이었다. 양간지풍은 강원도 양양(襄陽)과 간성(杆城) 사이에 부는 국지적인 강풍으로, 고온 건조하고 속도가 빠른 특성이 있어 강원도 지역 산불이 크게 번지는 원인 중의 하나로 알려져 있다.

　기상청은 강원도 산불이 발생하기 직전인 4일 오전 양간지풍을 예측하여, 이 지역에 강풍경보와 건조경보를 내렸다고 한다. 최근 강원도에서 발생한 1996년 4월 고성 산불, 2000년 4월 동해안 산불, 2005년 4월 양양 산불 등 모두가 그 원인이 4월초에 부는 양간지풍이었는데, 왜 역대 정부가 근본 대책을 세우지 않았는지 이해가 안 된다. 초속 20m가 넘는 골바람을 막기 위해 산에 장벽을 칠 수는 없지만, 범정부 차원에서 나무를 심거나 아니면 강원도 전역에 특별기간을 정해 놓고 산불예방을 위한 홍보 및 관리에 만전을 기했어야 했다.

　앞으로도 예상되고 있는 강원도 대형 산불에 대해 강풍경보나 건조경보를 발표하는 기상청에 의존할 것이 아니라, 소방청, 산림청, 기상청 이 세 곳이 함께 협의하여 더 강력한 특별대책을 세워야 한다.

양간지풍 같이 빌딩과 빌딩 사이에서 강하게 부는 골바람을 빌딩풍이라 하는데, 우나나라 전역 수십 곳에서 밤낮을 가리지 않고 빌딩풍이 불고 있다고 한다. 빌딩풍이 부는 골목을 지날 때는 강한 바람 때문에 많은 사란들이 불편을 겪고 있는데, 만약 화재라도 난다면 그 파급효과는 강원도 대형 산불처럼 엄청날 것이다.

정부는 지금부터라도 그 지역을 '특별소방관리지역'으로 지정해 놓고 관리해야 하며, 장기적으로는 주변에 큰 빌딩을 건축해서라도 골바람의 세기를 약화시켜야 한다. 우리 사회 곳곳에서도 양간지풍이나 빌딩풍 같은 남한과 북한 사이에서 부는 한반도 골바람, 전라도와 경상도 사이에 부는 지역 골바람, 여당과 야당 사이에 부는 정치 골바람 등이 있다. 정부는 양간지풍이나 빌딩풍 뿐만 아니라 양대 거대 조직에 의해서 형성되는 사회적 골바람도 잘 관리해서 사회적 피해를 줄이는 데 최선의 노력을 다해야 할 것이다.

오늘 아침 CBS 김현정의 뉴스쇼에서 강원도 산불처럼 정치권에서도 4.3 보궐선거 후폭풍이 일고 있다고 언급했는데, 벌써부터 사회 전체에 미칠 피해가 걱정된다. 우리 국민은 정치 골바람으로 인해 발생하는 사회 전체의 피해보다 산불구경에 관심이 더 많은 국민이다. 양간지풍(襄杆之風)의 교훈을 새겨야 할 때 같다.

생각 연습

바람의 흐름을 바꾸는 거대 빌딩이나 아파트 단지 같은 대형 건축물을 설계할 때는 기상청의 심의를 받을 필요가 있을 것 같다.

나의 생각

....

....

....

....

20
디아스포라

유대인은 기원전 5세기경 페르시아 알렉산더 대왕의 침공과 고대 로마의 지배를 받으면서 주로 유럽이나 러시아 지역으로 추방당했고, 그때부터 2,000여 년 동안이나 나라 없는 민족으로 살아야만 했다.

디아스포라(Diaspora)는 흩어진 사람들이라는 뜻으로, 팔레스타인을 떠나 온 세계에 흩어져 살면서 유대교의 규범과 생활 관습을 유지하는 유대인을 이르는 말이다. 디아스포라는 유럽에서의 수많은 박해와 대량 학살 가운데서도 이스라엘 재건을 위해 노력했고, 1948년 5월 14일에는 이스라엘 국가를 팔레스타인에 세울 것을 선언하고 5개국의 아랍 연합군과 싸움 끝에 서부 팔레스타인 영토의 약 80%를 차지하여 이스라엘 국가를 재건했다. 유대 민족의 역사 속에 나타나듯이 디아스포라는 단순히 흩어진 유대인의 의미를 넘어, 흩어졌다 뭉쳐서 다시 나라를 재건한 유대인으로서의 더 뜻깊은 의미를 갖고 있다.

어제 오전 건대입구역 주변에 갔다가 화교(華僑) 상가가 쭉 늘어서 있는 것을 보고, 본토를 떠나 타국에서 흩어져 사는 중국인들이 뭉치는 것 같아 화교 디아스포라가 유대인 디아스포라와 닮았다는 느낌을 받았다. 화교의 경우를 보더라도 디아스포라의 핵심은 흩어졌다 뭉쳐 다시 일어나는 것이다.

최근 한국 기업의 역사를 보면, IMF 이후 많은 우량기업들이 M&A시장에 나와 팔릴 때마다 기업을 위해 몸 바쳐 일한 수많은 직원들 역시 인수기업에 의해 추방당한 후 흩어졌던 것과 또한 수십 년 역사를 가진 기업의 문화와 전통이 새로운 인수기업 문화에 의해 불과 몇 년 만에 무너졌던 점을 알 수 있다.

어제 점심시간에는 80년 역사를 가진 국내 최고의 기업이 타 기업에 넘어 갔을 때, 끝까지 남아 마지막 수장 역할을 잘 수행했던 전 대표이사와 함께 식사를 했다. 전 대표이사는 당시 임원은 물론이고 간부급 직원 역시 모두 그 기업에서 물러나, 지금은 뿔뿔이 흩어져 헤매고 있다며 못내 아쉬워했다. 나는 디아스포라 얘기를 꺼내면서 한국의 기업 풍토에서는 힘들겠지만 그래도 마지막 수장으로서 흩어져 있는 임직원들, 즉 디아스포라를 모아 역사와 전통을 자랑하는 기업을 다시 재건해야 한다고 주문했다. 다만 인수기업과 싸우지 않고, 전통과 역사를 자랑하는 기업을 재건하는 데 주 목적을 두어야 한다고도 말해 줬다.

유대인의 시온 운동(Zionism)이 디아스포라를 향해 '희망'이라는 캐치프레이즈를 내세우며 시작됐듯이, 우리 사회 곳곳에 숨어 있는 여러 방면의 디아스포라에게도 '희망'이라는 메시지를 전해 주고 싶다.

생각 연습

내년 총선을 앞두고 여의도에서 정치인 디아스포라(?)가 벌써부터 활발하게 움직이기 시작한 것 같은데, 박수를 쳐야 할지 말아야 할지 우리 국민들의 고민이 꽤 깊을 것 같다.

나의 생각

....

....

....

....

21
유권자의 오류

오늘은 국회의원 2명과 기초의원 3명을 뽑는 4.3 보궐선거가 치러지는 날이다. 유권자들은 후보자의 정당, 학력, 경력, 정책 그리고 사람 됨됨이 등을 최종 검토한 후, 모든 분야에서 제일 신뢰가는 후보자에게 표를 줄 것이다.

신뢰는 대인관계뿐만 아니라 특히 투표에서 승패를 좌우하는 핵심 가치이기에, 유권자가 후보자를 신뢰하는 요소나 방법은 매우 중요하지 않을 수 없다. 그런데 유권자가 짧은 선거운동 기간 동안 후보자의 정치적 능력을 종합적으로 파악할 수 없어, 후보자의 정당이나 각 분야별 자질이나 정직성 등으로만 신뢰하는 후보자를 찾아야 한다는 게 아쉬운 점이다. 그래서 유권자는 신뢰했던 후보자가 당선되고 난 후에, 당선자를 정치인으로 종합평가하면서 당선자의 정치력 부재나 정책수립 부족 등을 보면서 크게 실망하게 된다.

논리학에서 합성의 오류(fallacy of composition)는 개별적인 부분은 참이지만 그 참인 부분들을 합성하여 전체를 이루면 거짓이 되고, 분할의 오류(fallacy of division)는 합성체인 전체는 참이지만 그 참인 전체를 부분으로 분할하면 거짓이 되는 오류를 말한다.

유권자가 선거운동 기간에는 후보자를 각 분야별로 신뢰했다가, 당선되고 난 후에는 전체를 보고 실망하는 것이 바로 논리학에서 말하는 합성의 오류에 빠지는 것이다.

한편 후보자를 종합 판단하여 신뢰하고 선택했는데, 당선 후 개별적인 면면을 보고 실망하여 분할의 오류에 빠지는 경우도 있다. 우리나라 유권자는 선거에서 합성의 오류와 분할의 오류에 쉽게 빠지는데 합성의 오류는 감성적 문화 때문에, 분할의 오류는 지역주의 때문에 기인한 것 같다. 유권자가 오류를 범하지 않는 방법이 있다면 후보자의 개별적인 부분으로 전체를 신뢰하지 않고 후보자에 대해서 알고 있는 만큼만 신뢰하는 것이고, 또한 합성의 오류에 의해 후보자의 개별적인 부분들만 보고 신뢰한 후보자가 당선되더라도 당선자의 종합평가에서 나타나는 부족한 점까지 포용하는 여유를 갖는 것이 아닐까?

우리 삶 속에 숨어 있는 합성의 오류와 분할의 오류도 꼭 확인해 볼 일이다.

생각 연습

유권자의 투표 성형은 감정과 연관이 있다는 연구결과가 있다. 유권자의 오류가 최소화될 수 있는 선거풍토가 조성되면 좋겠다.

나의 생각

22
비염과 치주염 치료

사람의 얼굴은 이목구비(耳目口鼻, 귀, 눈, 입, 코)로 구성되어 있는데, 이목구비가 건강해야 뇌와 소통하면서 행복한 삶을 누릴 수 있다. 얼굴의 이목구비는 다른 신체 부위와 달리 삶의 질과 관계되기 때문에, 오래전부터 이목구비만을 전문적으로 치료하는 전문병원이 존재했다.

18세기까지는 주로 귀와 눈의 병은 외과에서 치료하고 입과 코의 병은 내과에서 치료했으나, 그 이후 의료기술이 발달하면서 귀, 코, 입이 하나로 통합되어 이비인후과가 생겼다고 한다. 귀, 코, 입의 치료 분야를 이비구과(耳鼻口科)라 하지 않고 이비인후과(耳鼻咽喉科)라 한 이유는 입(口)을 소화기계의 인두와 호흡기계의 후두로 구분해서 인후(咽喉)로 분류했기 때문이다.

눈을 치료하는 안과(眼科)와 치아를 치료하는 치과(齒科)도 19세기부터 독립적인 치료 분야로 인정되어 지금까지도 전문병원으로 이어오고 있다. 5년 전 비염이 심해 한 이비인후과 병원에서 계속 진료를 받아도 효과가 없어 이비인후과 병원 여러 곳을 옮겨 다니며 치료해 봤지만, 완치되지 않아 3년 동안 고생한 적이 있다. 당시에는 치주염까지 있어 치과 병원에서 진료도 받았지만 일시적인 효과만 있었지 시간이 지나면 다시 염증이 생겨 반복적으로 치료를 받아야 했다. 그런데 작년 초 비염 치료를 위해 어느 이비인후과 병원을 찾았을 때, 각종 검사를 마친 후 원장이 나에게 치주염을 동시에 치료하지 않으면 비염 완치가 어렵다며 치과 진료도 동시에 받으라고 말했다. 윗치아의 뿌리와 코의 부비동 아랫부분 사이가 얇은 막으로 되어 있는데, 윗턱뼈에 붙어 있는 치아의 뿌리에 염증이 있으면 코의 부비동 아랫부분에도 염증이 발생할 수 있다는 게 원장의 설명이었다.

이비인후과 병원 원장의 말대로 비염 치료와 치주염 치료를 동시에 받은 결과, 지금은 비염과 치주염에서 완전히 해방되었다. 이비인후과에서 입이 인두와 후두로 나뉠 때 입 안에 있는 치아는 왜 포함되지 않았나 하는 의구심을 나는 지금도 지울 수 없다.

치과 특성상 이비인후과에 포함되지 않고 따로 독립되었다 하더라도, 최소한 치아 진료를 할 때 코의 부비동 부분에 대한 검사 정도는 해야 했고, 마찬가지로 코 진료를 할 때도 윗턱뼈에 붙어 있는 치근 부분에 대한 간단한 검사 정도는 해야 했었다. 그런데 이렇게 간단한 원인조차도 의사나 환자가 모르고 비염과 치주염을 따로따로 계속 반복적으로 치료하고 있다면, 엄청난 사회적 손실이 아닐 수 없다. 우리 사회에도 갑과 을 사이의 막은 얇은 막에 불과하기 때문에, 어떤 문제가 발생한다면, 갑과 을 어느 한쪽만 해결해서는 안 되고 반드시 함께 해결해야 할 것이다.

생각 연습

만약 비염과 치주염 질환이 있다면 꼭 동시에 치료하기 바란다. 질환은 전체를 고려해야 치유가 된다. 몸도 서로 소통해야 낫는 것이다.

나의 생각

23
공기청정기와 노 본부장

공기청정기 회사 중역인 노 본부장은 아침에 출근하면 맨 먼저 "우리 회사는 작품(作品)을 만듭니다" 라는 구호를 직원들과 함께 외친 후, 책상 위에 놓여 있는 물품(物品) 계약서와 최근 출시한 신품(新品) 판매실적을 체크한다. 그리고 9시에 디자인팀과 제품(製品) 디자인회의를 하고, 10시에 코엑스에 전시할 견품(見品)과 코엑스 행사에서 경품(景品)으로 사용할 공기청정기를 챙기고, 11시에 코엑스에서 외국 바이어를 만나 수출 용품(用品)에 대한 상담을 해야 한다. 오후 3시까지는 코엑스 부스에 있다가, 오후 5시에 파주공장에 들러 대리점 납품(納品) 수량과 반품(返品) 수량 및 생산 현황도 파악한 후 파김치가 되어 귀가하는 게 최근 노 본부장의 일상이다. 얼마 전 회장으로부터 "우리 회사에서 개발한 공기청정기가 상품(商品) 설명서에 나와 있듯이, 상품(上品), 중품(中品), 하품(下品) 모두 최고의 명품(名品)이니, 한 달 안에 1천 개를 팔아 보세요"라는 얘기를 들었기 때문이다.

노 본부장의 하루 일과에서 보듯이, 공기청정기가 제작 과정이나 사용 용도에 따라 물품, 제품, 상품(商品), 용품, 경품, 견품, 신품, 상품(上品), 중품, 하품, 납품, 반품, 명품, 작품 등으로 표현되고 있음을 알 수 있다. 사실은 노 본부장도 공기청정기와 마찬가지로 상황에 따라 여러 모양으로 삶을 살아가고 있다.

원료로 만드는 제품(製品)처럼 제조사의 한 일원으로 일익을 담당하고 있고, 사고팔고 하는 상품(商品)처럼 여기저기 불려 다니며 상담을 하고 있고, 용도로 쓰이는 용품(用品)처럼 회사 중역으로 능력을 발휘하며 뛰고 있고, 추첨하여 주는 경품(景品)처럼 소비자가 원하면 소비자에게 다가가고 있고, 본보기가 되는 견품(見品)처럼 직원들에게 모범이 되는 생활을 하고 있고, 새롭게 개발한 신품(新品)처럼 늘 희망과 새로움을 추구하며 살고 있고, 최상의 물품인 상품(上品)처럼 고상하고 부티 나는 스타일을 유지하고 있고, 평범한 물품인 중품(中品)처럼 그저 평범하고 담백한 생활습관을 갖고 있고, 최하의 물품인 하품(下品)처럼 힘들고 어려운 친구들과도 잘 어울리고 있고, 주문에 따르는 납품(納品)처럼 해외 주문만 있으면 곧장 출장을 가고 있고, 다시 돌려받는 반품(返品)처럼 과거의 실수들을 날마다 반성하며 살고 있고, 귀하고 유명한 명품(名品)처럼 귀하고 세련되고 우아한 이미지를 갖고 있고, 정체성이 있는 작품(作品)처럼 자신만의 비전을 추구하며 살아가고 있다.

공기청정기와 노 본부장의 삶이 별 다를 게 없다. 우리의 삶도 어떤 조합과 어떤 내용으로 이루어져 있는지, 한 번쯤 확인해 볼 일이다(노 본부장은 좋은 조합과 좋은 내용의 삶이지만).

생각 연습

국내 유명 공기청정기 회사에 다니는 사촌 동생을 떠올리며 쓴 글이다. 나의 가까운 지인들에게 "당신은 생활 전체가 명품이고 작품입니다"라고 칭찬해보면 어떨까?

나의 생각

....

....

....

....

24
십계명 함의

십계명은 하나님이 시내산에서 모세에게 내린 10개 조항의 계시로, 이스라엘 왕국시대는 물론 초대 교회 이후 오늘날까지도 모든 크리스천들이 지켜야 할 기본법이자 생활규범이다.

성경이 하나님과 사람과의 관계를 대전제로 하고 있듯이, 십계명에도 단순히 사람과 사람 사이의 윤리나 생활규범을 뛰어 넘어 하나님과 사람과 사이에 지켜야 할 함의(含意)가 포함되어 있다.

그런데 십계명 중 1-4계명(1. 하나님 이외의 다른 신을 섬기지 말라. 2. 우상을 섬기지 말라. 3. 하나님의 이름을 망령되이 부르지 말라. 4. 안식일을 거룩히 지키라.)은 하나님과 사람 사이의 계명이지만, 5-10계명은 사람과 사람 사이의 계명이기에 5-10계명을 하나님과 사람 사이의 계명의 의미로 재해석하는 것도 매우 중요하다.

5계명 | 네 부모를 공경하라 = 너를 태초부터 만든 나 하나님을 공경하라.

6계명 | 살인하지 말라 = 내 것(내가 만든 생명)을 살인하지 말라.

7계명 | 간음하지 말라 = 내 것(내가 만든 생명)을 간음하지 말라.

8계명 | 도둑질하지 말라 = 내 것(내 소유의 모든 것)을 도둑질하지 말라.

9계명 | 이웃에 대하여 거짓 증거 하지 말라 = 내가 보낸 이웃에 대하여 거짓 증거 하지 말라.

10계명 | 이웃의 소유를 탐내지 말라 = 내가 이웃에 맡긴 이웃의 소유를 탐내지 말라.

특히 크리스천은 성경에 나오는 사람과 사람 사이의 어떤 관계에서도 하나님과 사람 사이의 관계 속의 숨은 의미를 깨닫고 이해해야 인본주의 함정에서 벗어날 수 있을 것이다.

성경의 본질은 하나님과 사람과의 관계에 있지 사람과 사람과의 관계에 있지 않기 때문이다. 사람과 사람과의 관계는 본질로부터 나타나는 현상일 뿐이다.

생각 연습

특히 '도둑질하지 말라'는 8계명은 하나님이 우리 각자에게 맡기신 모든 것(부, 명예, 재능, 기타)을 함부로 사용하지 말라는 의미이다. 내 것이라 생각되는 것이라도 잘 사용해야겠다고 다짐했다.

나의 생각

....

....

....

....

25

해남, 바다 남쪽
(海南)

　어제 신안 출신 선배와 저녁 약속이 있어 법원 앞 교대역 근처에 있는 '장원' 한식집에 들어섰을 때 커다란 진도다리(울돌목) 사진이 눈에 띄었다.

　식사 도중 우리 룸에 들어온 한식집 사장에게 고향이 남쪽(전라남도를 흔히 부르는 표현)이냐고 물어봤더니 고향이 해남(海南)이라면서 해남에 대해서 아주 자세히 설명해 줬다. 그런데 식사 후 귀가하면서 해남을 바다 남쪽에 있는 지역이라고 설명한 한식집 사장의 얘기에 의문이 생겼다. 해남이 바다 남쪽에 있는 지역이라면 섬이어야 하는데 해남은 섬이 아니기 때문이었다.

　우리나라는 삼면이 바다로, 동쪽의 바다 동해(東海), 남쪽의 바다 남해(南海), 서쪽의 바다 서해(西海)가 있다. 그리고 동쪽 바다 지역을 대표하는 지역으로 동해시가 있고, 남쪽 바다를 대표하는 지역으로 남해군이 있지만, 서쪽 바다를 대표하는 서해라는 지역명은 없다.

　실제 남해군(南海郡)은 바다 남쪽에 있으니 남해군을 해남군으로 명명했어야 하고, 동쪽 바다 지역을 대표하는 내륙지역을 동해시라고 명명한 것처럼 실제 해남군(海南郡)도 남쪽 바다 지역을 대표하는 내륙지역이기에 남해군이라 명명했어야 맞지 않나 하는 생각이 들어, 어제 저녁 귀갓 길에 해남 출신 지인 세 명에게 전화로 물어봤지만, 두 명은 관심이 없었고 한 선배로부터 경상도 남해가 먼저 생겨 전라도에서 해남이라 명명했을 것이라는 추측성 답만 들을 수 있었다.

우리나라를 발해(渤海) 동쪽에 있는 나라라는 의미로 중국에서는 해동(海東)이라고 불렀듯이, 혹시 해남(海南)도 발해 남쪽에 있는 지역이라는 의미로 지어진 이름이 아닐까 라는 생각도 들었지만 역시 추측성 답에 불과했다.

'왜 해남이지?' 하는 궁금증을 가지고 어제 저녁 집에 도착하자마자 인터넷으로 검색해 봤지만 왜 해남이라고 명명했는지에 대한 답을 찾을 수 없었다. 그런데 나는 오늘 아침 우연히 우리나라 전도를 보고 깜짝 놀랐다. 경상도 지역의 남해(南海) 바다보다 해남(海南)이 더 아래쪽에 있었기 때문이다.

생각 연습

명칭은 역사를 담는다. 다음에 장원 한식집에 가면, 대한민국 전도를 걸어 놓고 왜 해남(海南)인지 손님들에게 알려 주라고 해야겠다(해남 지명에 대한 해석은 필자의 개인적인 생각이니 정답이 아닐 수도 있다).

나의 생각

_____

_____

_____

_____

26
스프링클러와 비상구

새벽에 운동을 마치고 물을 마시러 주방에 가 보니 설거지통에 물이 가득 담겨 있었다. 아내에게 이유를 물었더니 며칠 전 거실에서 불이 나는 꿈을 꾼 뒤 걱정이 되어 비상대책으로 취한 조치라 했다.

1970년대 새마을운동이 한창일 때 내가 살던 고향 마을의 한 중년 부인이 부엌에서 아침식사를 준비하던 중 실수로 불을 내 집 한 채를 다 태운 사건이 발생하자, 당시 마을 이장은 집집마다 다니면서 만일의 화재를 대비해 항아리에 물을 가득 담아 부엌에 비치하라고 신신당부한 적이 있었다. 내 기억으로는 장모님 살아생전 처갓집에도 화재를 대비해 항상 주방에는 물이 가득 담긴 물그릇이 비치되어 있었다.

지난 25일 서울시가 화재에 취약한 노후고시원에 간이 스프링클러와 비상구, 피난계단, 완강기, 비상사다리 같은 설치비를 전액 지원한다고 밝혔는데, 스프링클러는 불을 끌 때 사용하는 진압시설이고, 만약 스프링클러로 화재 진압을 못했을 때 비상구, 피난계단, 완강기 등과 같은 대피시설을 이용해야 하기에 서울시는 노후고시원에 진압시설과 대피시설 둘 다 지원하기로 한 것 같다.

건물이 화재 같은 위험한 상황을 대비해 진압시설 스프링클러나 대피시설 비상구를 완벽하게 갖추고 있어야 하듯이, 사람의 몸도 비상사태를 대비해 진압과 대피 전략을 완벽하게 가지고 있어야 한다. 건물은 주로 열 관리를 잘 못하거나 외부의 환경에 의해 화재가 발생하고, 사람의 몸도 주로 열 관리를 잘 못하거나 나쁜 외부 환경에 의해서 질병이 생긴다.

만약 우리 몸에 질병이 생긴다면 우선 진압전략으로 약국에서 약 처방을 받아 약을 복용하거나 동네 의원에 가서 치료를 받아야 하지만, 그래도 병이 호전되지 않으면 대피전략으로 종합병원에서 치료를 받거나 수술 및 입원까지도 해야 한다. 건물이나 사람뿐만 아니라 국가나 사회도 평상시 비상사태를 대비하여 진압과 대피 매뉴얼을 잘 갖추고 있어야 안전을 보장받을 수 있다.

우리가 하는 일에서도 위험이 닥칠 것을 대비하여 스프링클러 같은 진압전략과 비상구 같은 대피전략 둘 다를 가지고 있어야 그 위험에서 살아날 것이다.

생각 연습

우리 사회에 위험이 도사리고 있는 한, 우리는 진압훈련과 대피훈련도 게을리 해서는 안 될 것 같다. 출근 길 곳곳에 비치된 소화기가 물이 가득 담긴 물항아리로 보이는 아침이었다.

나의 생각

....

....

....

....

27
구전문화의 비밀

　요즘 제조사들이 원부자재를 들여와 자동화기계와 로봇을 통해 혼합, 압축, 조립 등 여러 단계를 거쳐 생산된 상품을 창고에 저장했다 팔 뿐만 아니라 유사제품을 수입해서 공장에 놓고 재판매하는 유통도 겸하고 있듯이, 사람도 수많은 정보를 득하여 오감이나 뇌를 통해 각 정보들을 조합하면서 지식체계화 단계를 거쳐 만들어진 새 지식을 뇌에 기억했다 필요할 때 활용할 뿐만 아니라, 남이 만든 정보를 듣고 그 정보를 필요할 때 그대로 전달하기도 한다.

　그런데 제조사가 원부자재를 활용하여 직접 만든 상품을 팔거나 사람이 수많은 정보를 조합하여 직접 얻은 지식을 말하는 것은 문제가 되지 않지만, 제조사가 수입품을 재가공, 재포장하여 유통판매를 한다거나 사람이 남으로부터 들은 지식이나 정보를 자기 입맛에 맞춰 말해 버리면 큰 문제가 되기도 한다. 여기서 제조사는 수입품을 통해 더 많은 돈을 벌기 위한 숨은 의도가 있고, 사람은 들을 때와 달리 말을 전할 때 자기 의(義)를 드러내고 싶은 숨은 의도가 깔려 있음을 우리는 알 수 있다. 특히 사람은 전설이나 기적 같이 허무맹랑한 이야기를 들을 때는 반신반의하다가, 그 허무맹랑한 이야기를 누군가에게 전할 때는 스스로가 들었을 때보다 훨씬 확실한 믿음을 가지고 전하는 구전문화(口傳文化)에 익숙해져 있다. 이는 자기 의를 드러내고 싶은 사람의 속성 때문에 나타나는데, 이런 사람의 속성 때문에 인류의 고대역사가 특히 전설이나 기적의 구전역사(口傳歷史)가 사실이나 과학으로 인정되어지면서 그 명맥을 이어왔다고 해도 과언이 아닐 것이다.

어린 시절 친구나 부모로부터 '전설따라 삼천리'에 나오는 귀신 이야기를 들을 때도 잘 믿지 않다가, 다른 친구나 누군가에게 자신이 직접 전할 때는 완전히 사실 같이 이야기했던 구전문화의 경험을 우리는 다 가지고 있다.

그리고 남으로부터 수많은 기적 같은 이야기를 들을 때도 의심하고 있다가, 어느 날 자신이 직접 기적을 체험하고 나서 그 체험을 누군가에게 알릴 때는 전에 의심했던 기적 같은 모든 이야기들까지도 다 믿었던 것처럼 확실하게 말했던 구전문화 경험이 있을 것이다. 남의 말을 듣는 것은 수동적이지만 그 말을 듣고 전하는 것은 능동적이기에, 구전(말로 전하는 것)은 내 의가 드러날 수밖에 없고, 그래서 믿어지지 않았던 것도 자신이 말로 전할 때는 믿음을 가지고 말한다는 것은 당연한 이치일 것이다.

지식, 정보, 이야기 등을 듣고 말로 전할 때 나타나는 구전문화(口傳文化)의 비밀은 자기 의(義)를 드러내려는 사람의 속성에 있음이 확실하다.

생각 연습

제조사의 상품유통에서 사람의 정보유통, 즉 구전문화의 비밀을 찾아봤다. 자기 의를 드러내는 나의 구전은 무엇이 있을지 생각해 보자.

나의 생각

28
퍼센트 함정

퍼센트(%)는 백분율 기호로 전체 수량을 100으로 놓고 나타내는 단위로, 전체 수량이 큰 수치일 경우 %는 상대적 수치를 쉽게 이해하는 데 큰 도움이 된다. 그러나 방송이나 신문 등 많은 매체에서 발표하는 퍼센트에는 %의 함정이 늘 도사리고 있기에, 우리는 %를 접하면서 그 의미를 정확하게 확인할 필요가 있다.

얼마 전 모 방송에서 A 질병에 걸린 국내 환자가 50% 늘었다는 뉴스를 보고, 그 기사를 자세히 검색해 보니 실상은 A 질병에 걸린 환자가 6명에서 3명이 더 감염되어 9명이 되었다는 내용이었다. 전체 환자 수가 10명도 안 되는데, 굳이 감염 증가율을 %로 표기해서 시청자들을 우롱한 방송국의 % 함정 보도가 얄밉기도 했지만, 도식화된 퍼센트에 무감각한 우리 사회 인식에도 문제가 있다는 생각을 했다. %는 실제 수치를 보강하는 수학적 기호이기에 실제보다 어렵게 표현되면 그 기능을 상실하게 된다는 사실을 정보제공자들은 명심해야 할 것이다.

%에서 기준 시점도 매우 중요하다. 예를 들어, 6월에 6,000원이던 상품이 7월에 600원 올라 6,600원이 되었다면, 6월(6,000원) 기준으로는 10% 인상이지만 7월(6,600원) 기준으로는 9% 인상이 되기 때문이다. 이 경우 소비자는

전월 기준 %를 적용해 많이 올랐다고 주장하고, 판매 기업은 당월 기준 %를 적용해 적게 올랐다고 주장할 것이 뻔하므로 우리는 %의 기준 시점을 정확히 알아 % 함정에 빠지지 않아야 한다.

퍼센트(%)와 퍼센트포인트(%p)에도 함정이 있다. 앞서 언급했듯이 퍼센트는 전체의 수량을 100으로 하여 해당 수량이 그 중 몇이 되는가를 나타내지만, 실업률이나 이자율 등에 적용되는 퍼센트포인트는 퍼센트 간의 차이를 표현한 것으로 역시 %와 %p도 잘 구분해야 한다. 예를 들어, 실업률이 작년 2%에서 올해 3%로 상승했다면 실업률은 작년에 비해 50% 상승했다고 표현하거나, 실업률이 작년에 비해 1%포인트 상승했다고 표현한다.

여기서 실업률 50% 상승이라는 표현은 실업률이 상당히 많이 상승했다는 인상을 주는 반면, 실업률 1%포인트 상승이라는 표현은 실업률이 별로 상승하지 않았다는 인상을 주기 때문에, 어떻게 표현하느냐에 따라 받아들이는 입장에서는 극명한 차이를 느끼게 된다. 퍼센트에는 함정이 있기 때문이다.

정보 제공자는 퍼센트 함정을 활용하지 않고, 정보 소비자는 퍼센트 함정에 빠지지 않고, 그래서 우리 사회가 조금이라도 건전한 사회로 발전 해나가야 할 것이다.

생각 연습

통계는 과학적이지만 때로는 악용되기도 한다. 위 세 가지 퍼센트 함정에 빠지지 않는 퍼센트 완결자기 되기 바란다. 우리는 통계를 이해하는 눈을 키울 필요가 있다.

나의 생각

29
증가절삭비

어제 정부가 공공주택 분양가 공시항목을 현행 12개에서 62개로 확대하는 내용의 개정안을 21일부터 공포·시행한다고 밝혔다. 이번 개정안은 생산자가 소비자에게 분양 원가를 공개함으로 생산자의 원가 투명성과 소비자의 정보 접근성을 높여 주는 안으로 소비자 중심시대에 맞는 정책이다.

최근 관세청에서도 소비자 중심 정책의 일환으로 수입 공산품 원가를 공개하겠다고 하는 마당에 국내 공산품 원가도 더 구체적으로 공개해야 하는 날이 얼마 남지 않았다는 생각이 든다. 오래전부터 느껴왔던 생산자 중심 시대의 감가상각비에 대한 의견을 정리해 보고자 한다.

감가상각비는 제품이나 서비스 등을 생산하면서 기계나 설비가 노후한 만큼의 가치를 제품생산 원가에 포함시키는 생산자 중심 시대의 비용을 말한다. 따라서 우리가 구매하는 모든 공산품과 서비스의 소비자 가격에는 소비자의 의사와 상관없이 생산자의 기계나 설비의 가치 감소 부분이 원가에 들어가 산정된 것이다. 그나마 다행인 것은 생산자 중심 시대라 해서 제품을 생산할 때 발생하는 로스에 대한 손해 부분의 가치를 제품생산 원가에 적용하는 로스상각비가 없다는 것이다.

아무튼 국가가 기업의 생산 활동을 장려해야 하는 생산자 중심의 토양에서는 감가상각비가 별 문제 없이 자리 잡을 수 있었던 것 같다. 그러나 지금은 소비자(사용자) 중심 시대임을 감안할 때, 소비자 입장에서 감가상각비에 대한 부정적인(?) 이미지를 지울 수 없는 것도 사실이다.

감가상각비를 원가에 적용한다는 것은 결국 생산에 필요한 기계나 설비의 구입 및 유지보수 비용을 생산자가 부담하지 않고 소비자에게 전가하는 것으로 소비자 입장에서는 좋지 않은 산정방식이라 할 수 있다. 그렇다면 생산자 중심 시대의 감가상각비에 견줄 만한 소비자 중심 시대의 비용으로 뭐가 있을까? 아직은 없지만, '증가절삭비'를 제안하고 싶다. 증가절삭비는 소비자가 생산자로부터 구입한 제품을 사용할 때, 생산자의 브랜드 가치와 기업의 좋은 이미지가 증가한 만큼의 가치를 소비자 가격에서 빼는 것을 의미한다.

우리가 사용하는 모든 공산품의 소비자 가격에 증가절삭비를 적용한다는 것은 소비자가 제품을 사용하면서 만든 무형의 가치를 생산자로부터 보상받는 차원으로 소비자 입장에서 기분 좋은 산정방식이라 할 수 있다. 생산자가 소비자의 제품 사용 효과로 얻은 이익을 사회에 환원(?)하는 것보다 증가된 가치를 소비자 가격에서 미리 빼는 것이 투명성을 넘어 생산자의 기본이 되어야 할 것이다. 생산자보다 소비자를 예우하는 정책이나 경영 마인드가 국가나 기업의 첫 덕목이다.

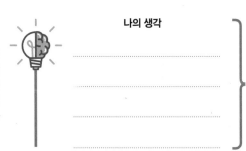

생각 연습

최근 정부와 기업들이 발표하는 소비자 중심 정책에 착안해서 '증가절삭비'라는 신조어(?)를 만들어 봤다. 국가나 기업의 정책이 소비자(사용자) 중심 방향으로 가야 한다는 점을 강조하기 위한 것이다.

나의 생각

30
경찰총장

버닝썬 사건과 관련된 가수 승리의 단체 카톡방에서 거론된 경찰총장은 경찰청장이나 검찰총장이 아닌 이보다 직급이 한참 아래인 총경급 인사라는 진술이 나왔다. 카톡방 회원들 수준으로 봐서 검찰총장과 경찰청장을 구분 못할 정도는 아닌데 왜 경찰총장이라고 호칭했을까?

경찰 위상을 검찰 수준으로 올려서 자신들을 봐준 총경에 대한 최고의 예우 차원에서 경찰총장이라고 불렀다면 그나마 다행이지만, 만약 총경보다 높은 간부가 연루됐다면 큰일이 아닐 수 없다. 이번 기회에 왜 검찰 수장은 검찰총장이고, 경찰 수장은 경찰청장이라고 부르는지 알아보겠다.

조선총독부 때 각급 법원에는 나란히 검사국이 있는 구조였고, 검사국의 직제는 검사총장, 검사장, 검사정, 검사로 당시 검찰총장은 대법원 검사국 검사총장의 직책이었지만, 해방 후 대법원이 사법부가 되고, 검사국이 검찰청이라는 정부 기관으로 독립되어 나오면서부터 검찰의 수장을 정식으로 검찰총장이라 부르게 됐다.

검찰청의 수장을 경찰청처럼 청장이라 하지 않고 총장이라 부르는 이면에는 검사와 검찰의 독립적 지위와 판단을 보장한다는 의미가 담겨 있다고 볼 수 있다. 검찰청은 독립된 검사들의 총합이고 그를 대표하는 수장을 총장이라 부른다고 이해하면 좋을 것 같다.

이에 비해 경찰은 정부 독립 기관이 아닌 특정직 공무원으로 분류되고, 계급은 11개 체계(치안총감, 치안정감, 치안감, 경무관, 총경, 경정, 경감, 경위, 경사, 경장, 순경)로 짜여져 있으며 그 수장이 경찰청장이다.

버닝썬과 관련된 가수 승리의 단체 카톡방에 등장한 총경은 경찰 보직에서 5번째 높은 직급으로 주로 경찰서장 직책을 감당하고 있는 수준이다. 그런데 승리를 비롯한 유명 연예인들이 단체 카톡방에서 자신들과 관련된 총경을 총장으로 불렀다는 것은 그들의 관계가 얼마나 긴밀하게 밀착되어 있었는지를 짐작하게 하는 근거가 된다.

앞으로 경찰총장은 경찰청의 모든 총경들 중에 제일 잘나가는 총경을 비아냥거리며 부르는 신조어 호칭이 되지 않을까 걱정이 된다.

생각 연습

경찰 공무원은 특수성 때문에 일반직 공무원과 같이 직급(1급–9급)을 사용하지 않고 계급(순경–치안총감)을 사용해야 하지만, 이번 기회에 조선총독부식 계급도 과감히 바꾸면 좋겠다는 생각을 해 본다.

나의 생각

....

....

....

....

31
땅따먹기

앞으로 정확히 10개월 후 2020년 4월 15일은 대한민국 제21대 국회를 이끌어 갈 국회의원을 선출하는 총선일이다. 공직선거법에 따르면 중앙선관위 선거구획정위는 획정안을 총선일 13개월 전까지 국회의장에게 제출해야 하고, 국회는 이를 바탕으로 국회의원지역구를 총선일 12개월 전까지 확정해야 한다.

3월 15일이 바로 선거구 획정안을 제출하는 마지막 날이다. 그런데 한국당을 뺀 여야 4당이 선거제·검찰개혁 법안의 동시 패스트트랙(신속처리안건 지정) 추진을 위한 막판 협상에 난항을 겪고 있어, 데드라인을 지키기에는 이미 불가능해진 것 같다.

1960년대 어린 소녀들에게 가장 인기 있는 놀이 중 땅에 일정한 범위를 정하여 놓고 자기 땅을 넓혀 가면서 상대방의 땅을 빼앗아 가는 땅따먹기 놀이가 있었다. 땅따먹기 놀이는 지면에 경계를 그어 범위를 정한 다음 가위바위보를 하여 이긴 사람이 자기 뼘만큼 땅을 재서 차지해 나가는 방법으로 많이 차지한 쪽이 이기게 되는데, 가위바위보를 잘 하는 쪽이 유리한 놀이다.

요즘 국회의 여야가 자신들의 영역을 정해 놓고 줄다리기를 하는 모습을 보면서 차라리 가위바위보하면서 땅따먹기라도 해야 할 것 같다는 생각이 든다.

선거구 획정은 선거구를 분할하여 대표자를 선출하는 기본단위를 정하는 것으로 선거구를 어떻게 정하느냐에 따라 정당의 이해관계에 커다란 영향을 미치게 된다. 그런데도 각 정당은 서로 충분한 협상도 하지 않고 국민들에게 공감대도 형성하지 못한 채 선거구 마감일인 오늘까지 획정안 제출도 못하고 있는 이유가 뭔지 궁금하다.

20대 국회의원 선거 전에 많은 국민들은 공천과 선거의 잡음을 없애는 방법으로 제비뽑기로 국회의원을 선출하자는 의견이 많았다. 성경에서도 어려운 일을 결정할 때나 일꾼을 선출할 때 사람이 아닌 하나님의 뜻을 수용하기 위해 제비뽑기를 했고, 2500년 전 고대 그리스 아테네에서도 평등한 정치 참여를 위한 제도적 장치로 바로 제비뽑기를 선택했다.

가위바위보로 땅따먹기 그리고 제비뽑기로 일꾼을 선출하는 것이 현대 민주주의에서는 전혀 어울리지 않지만 오늘만큼은 대한민국 국회와 딱 어울리는 표현 같다.

생각 연습   **나의 생각**

획정은 경계(지역) 따위를 명확히 구별하여 정한다는 뜻이고, 확정은 일을 확실하게 정한다는 뜻이다. 그러므로 선거구경계(지역) 획정은 틀린 표현이고, 선거구 획정이나 선거구 경계(지역) 확정이 올바른 표현이다.

32
Core Group

고대 그리스에서는 왕족이나 귀족의 아이가 태어날 때, 산모를 도와주는 산파와 아이가 잘 성장할 수 있도록 도와주는 몽학선생(蒙學先生)이 한 생명을 전인적으로 만드는 데 중요한 역할을 했다. 산파는 노비 중에서 출산 경험이 있고 지혜로운 여자이어야 했고, 아이가 태어나기 직전부터 태어날 때까지 안가(安家)에서 산모의 출산과 건강을 도와주었다.

몽학선생도 노비 중에서 건강하고 영특한 남자가 뽑혔고, 왕족이나 귀족의 아이가 성인(16세)이 될 때까지 아이 옆에서 일상적인 시중을 들고 학교까지 안전하게 인도하는 일을 맡았다. 산파는 산모와 아이가 건강을 회복하고 안정을 찾으면 다시 왕족이나 귀족의 안가를 떠나 일반 노비로 돌아가야 했다. 산파가 아이의 첫 울음소리나 첫 표정이나 건강 정보를 잘 안다고 하더라도 안가에 계속 남아 남자 노예이어야 하는 몽학선생의 자리를 넘보지 못했다. 몽학선생도 아이가 잘 성장하여 스스로 왕족이나 귀족의 품격을 갖추고 백성이나 가문을 잘 이끌어 갈 수 있는 성인이 될 땐, 그 아이를 왕국이나 가문의 시스템에 맡기고 떠나야 했다. 고대 그리스 사회에서 왕족이나 귀족의 한 아이가 올바로 성장하는 데 산파와 몽학선생이 아무리 중요한 역할을 했다 해도, 이는 보조 역할일 뿐 진짜 중요한 정신교육은 부모의 몫이었다.

어느 집단이나 조직이나 산파나 몽학선생 같은 Core Group이 있고, 그

Core Group은 잘 떠날 줄을 알아야 한다. 조직이 탄생할 때 산파역할을 했던 1차 Core Group도 조직이 탄생되면 그 조직에서 떠나야 하고, 마찬가지로 조직 탄생 후 그 조직이 기반을 잡을 때까지 최선을 다해 몽학선생 역할을 했던 2차 Core Group도 조직이 안정화 되면 그 조직에서 떠나야 한다.

그 다음부터는 그리스의 왕족이나 귀족의 아이가 태어나 산파와 몽학선생을 거쳐 시스템에 맡겨져야 비로소 품격 있는 왕족이나 귀족이 되듯이, 조직도 Core Group 이후 시스템에 맡겨져야 더 건강한 조직으로 발전할 수 있다. 만약 조직이 탄생될 때 일등공신인 1차 Core Group과 기반을 잡는 데 헌신한 2차 Core Group이 조직에서 떠나지 않고 남아 조직이 시스템화 되는 것을 방해하고 있다면, 우리는 그 조직을 무능한 패거리 조직이라고 간주할 것이다.

예로부터 새 정부가 탄생할 때마다 공과를 따져 상을 내리는 논공행상(論功行賞) 수혜자, 즉 Core Group이 주요 요직에 발탁되어 안주할수록 국민들은 그 정부를 신뢰하지도 않았고 부패한 정부라고 낙인찍었던 점을 간과해서는 안 된다. 현 정부가 1차 Core Group과 2차 Core Group 일부가 빠져나간 시점으로, 이제는 시스템에 맡겨져야 하는 상황 같아서 던지는 메시지다.

생각 연습

아이 = 정부 / **산모** = 정당(왕족 산모 : 여당, 귀족 산모 : 야당) / **산파** = 정권탄생 일등공신(선대본부, 인수위) / **몽학선생** = 1기 청와대 참모, 1기 각료, 기타 / **부모** = 국민

나의 생각

33
정직?

어제 오후 친구로부터 '정직해야 성공한다'는 제목과 함께 아래와 같은 내용의 카톡을 받았다.

구두 제조회사 K사장이 제작 과정 중 실수로 구두에 결함이 생기자 고민 끝에 바겐세일을 했지만, 그래도 팔리지 않고 회사가 도산위기를 맞게 되었다. 그러자 이 소식을 전해 들은 유통회사 N사장이 구두를 인수해 판매를 시작했는데 날개돋힌 듯 팔렸다. 이유는 N사장이 이 상품을 팔기 위해 "흠이 있는 구두를 싼 값에 팝니다. 하지만 신고다니기에는 불편이 없습니다"라는 광고문을 게재했기 때문이었다. 이 일을 계기로 N사장은 큰돈을 벌었지만, K사장은 망하고 말았다. 친구가 보낸 카톡 내용의 핵심은 사업에서 성공하려면 바로 사실을 그대로 알리는 '정직'이라는 무기를 사용해야 한다는 것이었다.

나는 친구에게 '유통회사 N사장은 정직하지 않다'는 내용의 답장을 보냈다. 정직은 다른 사람 뿐 아니라 자기 자신에게도 솔직한 것, 즉 자신과 다른 사람을 속이지 않는 것을 말한다. 그런데 유통회사 N사장은 고객한테는 솔직했지만, 구두 제조회사 K사장과 자신한테는 솔직하지 못했기 때문이다. 진짜 정직한 유통회사 N사장이라면 어려움에 처한 K사장한테 광고 카피와 마케팅전략을 알려주거나 아니면 판매대행을 해 주고 적정 이익만 챙겨야 했다. N사장이야말로 자신에게 유익이 되는 대상(고객)한테는 정직을 마케팅전략으로 사용했지만, 자신에게 유익이 되지 않는 대상(K사장)한테는 정직 대신 속임수를 쓴 유익만 쫓는 사업가에 불과했다.

나는 카톡 중간에 'N사장은 정직마케팅을 활용하면 돈을 벌 수 있다는 아이디어를 K사장에게 말하지 않고'라는 한 문구만 넣어, 카톡 내용을 180도 바꿔 친구에게 다시 보냈다. 만약 N사장이 K사장에게 광고 카피와 함께 아이디어만 제공했다면, K사장은 망하지 않았고 N사장은 정직한 사장이 되었을 것이다.

우리 소비자들은 K사장과 N사장이 함께 잘되기를 원하지, N사장만 잘되는 것을 원치 않는다는 사실을 N사장 스타일의 기업인들이 명심해야 한다. 요즘 기업들이 신뢰경영이나 정직경영 같은 마인드로 고객우선 전략을 세우고 고객을 예우하고 있는데, 협력업체나 대리점 그리고 동종업체에도 신뢰나 정직으로 대하고 있는지 무척 궁금하다.

친구가 어제 오후 마지막으로 나에게 보내 준 '정직하면 사업 망하겠네'라는 문구가 기업하는 사람들에게 많은 시사점을 주는 것 같다.

생각 연습

한 사회의 정직은 기업만 정직해서도
안 되고, 고객만 정직해서도 안 된다.
기업과 고객이 함께 정직해야 한다.
그런 사회가 되길 희망한다.

나의 생각

....

....

....

....

34

적폐청산
(積弊淸算)

유산소 운동은 숨이 차지 않고 가볍게 할 수 있는 운동으로 몸 안에 최대한 많은 양의 산소를 공급함으로 심장과 폐의 기능을 향상시키고 강한 혈관 조직을 갖게 하는 운동이다.

따라서 장기간에 걸쳐 규칙적으로 유산소 운동을 하면 고혈압, 고지혈증, 심장질환, 당뇨병 등의 성인병 치료와 비만 해소에 도움이 된다. 조깅, 달리기, 수영, 자전거 타기, 에어로빅 댄스, 크로스컨트리 등이 여기에 속한다.

성인병이나 비만병은 최근 갑자기 생긴 병이 아니고 오랜 기간 몸의 적폐(積弊)로 인해 생긴 병인만큼, 빠르고 강한 무산소 운동보다 지속적으로 천천히 하는 유산소 운동을 해야 효과를 볼 수 있다.

국가나 기업도 마찬가지다. 성인병이나 비만병에 걸린 환우가 단기간에 하는 숨이 차고 힘든 무산소 운동을 하면 더 위험에 처할 수 있듯이, 오랜 기간에 걸쳐 누적된 국가나 기업의 적폐도 빠르고 강도 높게 청산하면 더 큰 위험에 빠질 수 있다.

유산소 운동이 산소 공급과 함께 지방을 태우듯이 국가나 기업도 적폐 현장에 산소 같은 뉴비전을 제시하며 적폐를 없애야 한다.

성인병이나 비만병에 걸린 환우가 딱히 수술로 치료할 수 없어 유산소 운동을 해야 하듯이 국가나 기업도 적폐청산(積弊淸算)을 할 때 시스템을 없애거나 사람을 바꾸기보다 유산소 운동 같은 장기적인 방법을 모색해야 한다.

현 정부 초기만 해도 적폐청산이 우리 사회의 가장 큰 이슈였는데 요즘은 도대체가 적폐청산이라는 용어를 들어볼 수가 없다. 그렇다고 근폐청산(近弊淸算)을 하는 것도 아니고, 결국 근폐가 다시 적폐로 계속 쌓이고 있는 것 같아 아쉬울 뿐이다.

국정 운영이나 기업 경영에 고질적인 적폐(積弊)나 갑작스런 근폐(近弊)를 반드시 청산하되, 국민이나 회사원의 잘못된 의식도 같이 청산해야 올바른 청산이 될 것이다.

생각 연습

적폐와 근폐를 잘 구분해서 적폐는 유산소 운동 방식으로 근폐는 무산소 운동 방식으로 청산하면 좋겠다.

나의 생각

....

....

....

....

35
절기산책

    1차 산업시대에는 기후가 주로 농업에 활용되었고 특히 24절기는 농업 경영에 없어서는 안 될 주요 바로미터(Barometer)였지만, 산업시대와 정보화 시대를 거치면서 모든 노하우가 기계나 컴퓨터로 대체되면서 기후나 절기는 산업과는 관련 없는 분야로 전락했다. 그러나 4차 산업혁명 시대에서 기후는 산업 발전의 저해요소이자 원동력이 될 수 있다고 판단하여 국가나 기업이 모든 정책에 반영하고 있지만, 절기는 어떤 정책에도 포함시키지 않는 것 같아 아쉽다는 생각이 든다. 이에 국가나 기업이 2019년 절기에 따른 낮과 밤의 시간 변화를 잘 파악하여 절기 리듬에 맞는 전략을 세우는 데 도움이 되길 바라는 마음에서 절기산책을 해 본다.

1) 춘분(3.21)과 추분(9.23)은 낮과 밤의 길이가 같다(낮의 길이 : 12시간, 밤의 길이 : 12시간).

2) 하지(6.22)는 낮의 길이가 가장 길고, 밤의 길이가 가장 짧다(낮의 길이 : 14시간 30분, 밤의 길이 : 9시간 30분, 5시간 차이).

3) 동지(12.22)는 밤의 길이가 가장 길고 낮의 길이가 가장 짧다(밤의 길이 : 14시간 30분, 낮의 길이 : 9시간 30분, 5시간 차이).

4) 동지에서 춘분을 거쳐 하지까지는 낮의 길이가 계속 매일 1분 36초씩 길어진다(183일).

5) 하지에서 추분을 거쳐 동지까지는 낮의 길이가 계속 매일 1분 36초씩 짧아진다(182일).

6) 하지 때 낮은 오전 6시부터 오후 8시 30분까지(14시간 40분)이며, 밤은 오후 8시 30분부터 오전 6시까지(9시간 30분)이다(5시간 차이).

7) 동지 때 낮은 오전 7시 30분부터 오후 5시까지(9시간 30분)이며, 밤은 오후 5시부터 오전 7시 30분까지(14시간 30분)이다(5시간 차이).

위의 절기 상황을 볼 때, 우리의 하루는 매일 낮이 길어지거나 밤이 길어지거나 1분 36초씩 변화가 있음을 알 수 있다. 먼저 하지가 중심이 되는 여름과 동지가 중심이 되는 겨울에는 낮과 밤의 길이가 5시간이나 차이나기 때문에 국가나 기업의 시간표가 달라져야 한다. 또한 춘분이 중심이 되는 봄과 추분이 중심이 되는 가을에도 국가나 기업의 전략이 달라져야 한다.

춘분(3.21)에서 하지(6.22)까지는 봄의 후반부와 여름의 전반부로 태양의 활동이 가장 왕성한 기간(낮이 밤보다 항상 길면서 계속 낮의 길이가 늘어남)이기 때문에 모든 전략의 초점이 낮에 맞춰져야 하고, 추분(9.23)에서 동지(12.22)까지는 밤이 항상 길기 때문에 모든 전략의 초점이 밤에 맞춰져야 한다. 만약 국가나 기업이 하지기간에는 밤에, 동지기간에는 낮에 초점을 맞춰 전략을 세우고 역량을 강화한다면 어리석은 국가나 기업으로 전락하고 말 것이다.

생각 연습

시기가 맞고 상황에 맞는 삶의 지혜가 조상들이 남긴 교훈이다. 나의 시기와 상황을 평가해 보자. 시기를 잘 읽는 것은 선비의 주요 덕목이었다.

나의 생각

36
행복해 보이는 세 여성

출근 길 전철 안의 10대 여성이 편하게 자리에 앉아 동영상을 보며 활짝 웃고 있는 모습이 무척 행복해 보였다. 잠시 후 10대 여성은 어린아이를 안고 탄 30대 초반 여성에게 자리를 양보했고, 그 30대 초반 여성 역시 자식을 바라보는 모습이 10대 여성보다 훨씬 행복해 보였다.

한자에서 어머니(女)가 자식(子)을 품고 있는 형상을 이미지화 한 좋을 호(好)자가 매우 적합한 단어라는 생각이 들었다. 그런데 시간이 조금 더 지나 20대 후반 임산부가 나타나자, 이번엔 어린아이를 안은 30대 초반 여성이 다시 임신한 20대 후반 여성에게 자리를 양보했다.

20대 후반 임산부는 어린아이를 안고 있던 30대 초반 여성보다 훨씬 더 행복한 모습이었다. 불현듯 좋을 호(好)자의 의미가 자식을 안고 있는 것이 아니라 자식을 뱃속에 품은 것이라는 생각이 들었다.

분명 전철 안에서 동영상을 보고 있던 10대 여성보다 어린아이를 안고 있는 30대 초반 여성이 더 행복해 보였고, 어린아이를 안고 있는 30대 초반 여성보다 20대 후반의 임산부 여성이 훨씬 더 행복해 보였다.

전철 안에 있는 사람들 중 행복해 보이는 사람들이 또 있었다. 연인과 카톡하는 대학생, 누군가를 위해 기도하고 있는 것 같은 아주머니, 그리고 경로석에 앉아 마누라 자랑을 하는 할아버지였다. 이들 역시 20대 후반 여성이 태아를 뱃속에 품으며 행복해하는 것처럼 누군가를 마음에 품고 행복해하는 사람들이며, 그 사람들을 위해 정성과 관심을 쏟고 있는 사람들이었다.

이 세상에서 행복한 사람은 돈이나 명예가 아닌 사람을 마음에 품고 사람을 위해 정성을 쏟는 사람일 것이다. 성경에서 예수님도 전도 대상자를 태신자로 정하여 마음에 품고 그 태신자를 위해 애쓰는 사람을 제일 좋아한다고 말한다.

생각 연습

어머니의 심정으로 누군가를 마음에 품고 관심을 갖는 것이 행복해지는 비결이 아닐까? 관계 속에서 비로소 의미가 생긴다. 특히 누구와 관계 맺느냐에 따라 달라진다.

나의 생각

....

....

....

....

37
과거를 현재로

어제 20년 전 정권의 Core Group 모임에서 함께했던 몇몇 회원들과 함께 저녁식사를 했다.

처음에는 회원들의 근황과 최근 정치적 이슈가 되고 있는 북미정상회담 관련 대화가 주를 이뤘지만, 1시간도 채 못 되어 우리는 20년 전으로 시간여행을 할 수 있었다.

언어도 행동도 대화 내용과 장소와 대상도 모두 20년 전 40대 때의 다이나믹한 것들이었다. 실존주의 철학자 샤르트르(Sartre)는 미래의 상황을 현재로 당겨 실제 존재상황으로 인식하면 성공적인 미래를 만들어 갈 수 있다고 주장했다. 그러나 어제 모임을 마치고 귀가하면서 과거의 상황을 현재 상황으로 당겨 실제 존재상황으로 인식하는 것도 매우 중요하다는 생각을 하게 됐다.

젊었을 때는 가상의 미래 상황을 현재 상황으로 당겨야 미래를 더 알차게 준비하고 더 정확하게 바라볼 수 있지만, 나이가 들면 과거의 상황을 현재의 상황으로 당겨야 자신의 자화상과 흔적들을 발견하면서 안정을 찾을 수 있을 것이다. 불투명한 미래를 현재로 당기는 것은 불안하고 욕심이 들어가고 그래서 안정적이지 못하지만, 확실한 팩트에 의해 구성된 과거를 현재로 당기는 것은 안정적일 수밖에 없다.

누구나 과거는 지금보다 젊고, 오래된 과거일수록 더 젊었을 때의 시점이 된다. 과거 상황을 생각하고 과거에 아는 사람들을 만난다는 것은 옛날로 돌아간다는 부정적인 의미가 아니고 더 젊음으로 돌아간다는 의미로 받아들여야 한다.

가장 순수했던 학창시절의 상황은 동창회를 통해 현재 상황으로 당기면 되고, 가장 왕성했던 40대 때의 상황은 각종 모임을 통해서 당기면 된다.

어제 우리는 헤어지면서 20년 전으로의 시간여행을 마쳤지만 가장 왕성하게 활동했던 20년 전 멤버들을 다시 모아 정기적으로 시간여행을 갖기로 했다. 앞으로 20년은 더 젊게 살 수 있을 것 같다.

생각 연습

왕성하게 활동했던 때의 상황을 현재로 당기는 모임을 시작해 보면 어떨까? 과거의 영광을 내 삶의 동력 삼아 미래를 개척해 보자.

나의 생각

....

....

....

....

38
현재의 크기

어떤 사람이 태어나 90세에 생을 마감했을 경우, 인생 전체를 통틀어 보면 과거도 90년, 현재도 90년, 미래도 90년이라는 시간을 보낸 격이 된다.

태어날 때는 미래가 90년이 되고, 생을 마감할 때는 과거가 90년이 되고, 순간순간 소멸된 현재도 다 합치면 90년이 된다는 뜻이다. 만약 90세 삶을 사는 사람이 60세가 되었을 때 삶 전체 차원에서 보면 과거는 60년이 되고, 미래는 30년이 되지만 현재는 0(제로)에 가까운 찰나가 된다.

현재는 미래를 과거로 만드는 통로일 뿐 자신의 정체성은 순간, 즉 찰나에 불과하다. 물리학에서는 현재의 크기를 0(제로)으로 보기 때문에 과거와 미래만 가지고 실험을 해도 큰 문제가 없다고 한다.

현재는 0(제로)에 가까운 찰나에 불과하지만 현재가 없다면 미래는 과거로 갈 수 없기에, 시간의 흐름에 있어 현재는 꼭 필요한 원동력이다. 현재의 실제 크기는 찰나인데도 만약 우리가 현재의 크기를 24시간(하루)으로 인식한다면, 우리는 과거와 미래에서 각각 12시간씩 빌려 온 것이 되므로 현재는 과거와 가깝고 미래와 가까운 영역이라 유추해서 해석할 수 있다. 그러나 신(하나님)은 시간을 초월하여 존재하는 지존자이기에 과거와 미래가 없고 오로지 현재만 있는 존재이므로, 우리가 현재의 크기를 찰나로 보지 않고, 24시간이나 한 주나 한 달로 확장하여 인식한다는 것이 어찌 보면 시간을 초월하여 존재하는 신(하나님)의 정체성을 믿는 것이 된다.

현재는 사람의 자유로운 행위가 허용되는 유일한 시간임을 감안할 때, 현재의 크기를 확장하는 것은 당연한 사람의 욕구일 것이다.

현재의 크기를 1day, 1week, 1month, 100days, 1year 등 자신의 비전에 맞춰 정하면 된다. 현재는 작지만 위대한 힘을 발휘하는 다윗과 같은 존재다.

생각 연습

단상(斷想)을 쓰면서 현재의 크기를 정하는 것이 매우 중요하다는 사실을 깨달았다. 현재는 자신을 제대로 이해하는 척도다.

나의 생각

39
결혼 날

이스라엘에서는 주로 화요일에 결혼식을 올린다. 천지창조 셋째 날(화요일)에 하나님이 땅과 바다를 만드신 후 열매 맺는 나무를 만드시고 스스로 "보기에 좋았다"라고 축복하셨기 때문이다.

결혼이라는 의미가 충분히 담긴 이스라엘의 'Wedding Tuesday'가 아닐 수 없다. 우리는 주로 주말이나 주일 아니면 공휴일에 결혼식을 올린다. 하객을 많이 모시고 하객의 축하를 많이 받는다는 의미가 크다고 볼 수 있지만, 품앗이나 부조금 확보를 목적으로 하객이 많이 모일 수 있는 날을 택했다면 신성해야 할 결혼을 모독하는 잘못을 저지르는 꼴이 된다.

천지창조의 의미가 담긴 직업별 가장 적합한 결혼 날을 요일별로 정리해 봤다.

일(첫째 날) : 빛, 낮과 밤 / 직업군 : 법조, 정치

월(둘째 날) : 궁창, 하늘 / 직업군 : 항공, 종교

화(셋째 날) : 바다, 땅, 식물 / 직업군 : 해양, 농업, 식품

수(넷째 날) : 해, 달, 별 / 직업군 : 천체, 과학, 기상

목(다섯째 날) : 어류, 조류 / 직업군 : 수산, 조류학자

금(여섯째 날) : 사람, 가축 / 직업군 : 의료, 교육, 축산

토(일곱째 날) : 안식 / 직업군 : 레저, 관광, 장례

천지창조의 기운을 받은 결혼 날이야말로 신랑신부에게 최고의 기념일이 될 것이다. 결혼 날 뿐만 아니라 다른 기념일도 당사자에게 가장 의미 있는 날로 정하면 좋겠다.

생각 연습

천지창조를 적용해서 직업별로 가장 적합한 요일을 기념일로 잡으면 어떨까? 지금 내가 하고 있는 일은 어떤 요일과 어울릴까?

나의 생각

....

....

....

....

40
출구전략
(Exit Strategy)

짹 짹 짹[more]

오늘(월) 새벽 사무실에 들어섰을 때, 지난 금요일부터 약 60시간을 사무실에 갇혀 몹시 지친 참새 두 마리가 살려 달라고 계속 외치던 소리이다.

참새 두 마리는 사무실 곳곳에 진열된 화분들과 각종 사무기구들에 호기심을 갖고 서로가 비전을 만들기에 좋은 공간으로 생각하여 반쯤 열려 있는 창문을 통해 사무실에 들어왔고, 처음 하루 정도는 새로운 공간에서 비전을 꿈꾸며 매우 행복했을 것이다. 그러나 시간이 지나면서 두 마리의 참새는 각자의 목적대로 상황이 전개되지 않음을 느꼈고, 사무실에서 빠져나가기 위해 여러 가지 방법을 동원해 출구전략을 썼지만 반쯤 열려진 창문을 찾지 못해 결국 오늘 새벽 나의 도움으로 사무실을 빠져 나갈 수 있었다.

출구전략(Exit Strategy)은 원래 군사용어로 전쟁 중 불리한 상황에서 피해를 최소화하기 위해 뒤로 물러서는 전술을 의미한다.

미국이 베트남전쟁에 뛰어들었다가 해를 거듭하면서 사망자가 늘어나고 군사비가 증가하여 국민 여론이 좋지 않자 전쟁에서 빠져나온 게 출구전략의 좋은 예가 된다.

경제에서는 경제정책의 기조를 원래 상태로 원상 복귀하는 것이며, 즉 경기부양을 위해 시중에 풀었던 자금을 물가상승 및 경제에 악영향을 끼칠 때 회수하는 것을 의미한다. 60시간이 지나면서 지쳐 버린 참새의 경우처럼, 출구전략은 그 시기를 놓치면 치명적인 상황에 직면할 수밖에 없다.

10년 전 출구전략 정책을 늦게 폈던 미국은 부동산버블 현상이 일어나 세계금융위기를 초래했고, 출구전략을 너무 일찍 사용했던 일본은 세금인상, 금리인상 등으로 역시 일본경제를 망치는 더블딥(Double Dip) 현상을 자초했다.

최근 트럼프와 김정은 두 정상의 출구전략도 주목을 끌었다. 하노이 2차 북미정상회담에서 좋은 결과를 기대했던 트럼프와 김정은은 합의가 원만하게 진행되지 않자 출구전략 카드를 준비했음이 보도를 통해 드러났고, 자국에 돌아가자마자 합의를 이루어내지 못한 책임에서 벗어나기 위한 출구전략의 일환으로 트럼프와 김정은은 상대국의 불성실과 비협조적인 면을 자국민에게 곧장 알렸다.

왜 베트남전쟁 때 베트남에서 출구전략을 이미 사용해봤던 미국이 2차 북미정상회담이 열린 베트남에서 또 북한을 상대로 출구전략 카드를 꺼내들었을까? 트럼프와 김정은의 출구전략(Exit Strategy)의 문(門)이 대한민국이 되면 좋겠다.

생각 연습

기업이나 개인도 좋지 않은 상황이 계속된다면, 출구전략을 고민해 봐야 하지 않을까? 갈등을 해결하는 출구는 자신과 이웃을 위한 평화의 전략이다.

나의 생각

THINKING

PRACTICE

제2부

Training

41
좋은 습관으로 나쁜 습관을

어렸을 때 할머니로부터 '이웃집 아줌마가 배가 아파 죽을 지경이었는데 아들의 변을 먹고 나았다'는 얘기를 들은 적이 있다. 당시 할머니는 나에게 '약으로 장에 있는 나쁜 균을 죽이기가 힘드니, 좋은 균을 몸속에 넣어 좋은 균이 나쁜 균을 쫓아내면 낫는다'고 부연 설명도 해 주셨다.

지난해 정년퇴임한 친구도 퇴임 후 1년 정도 쉬면서 제2의 인생을 실패한 선배들의 사례를 극복하기 위해, 퇴임 후 곧장 농장사무실을 만들어 매일 출퇴근하면서 도시농부로 살고 있다. 친구는 공직생활에서 익힌 출퇴근이라는 좋은 습관으로 퇴임 후 선배들이 느꼈던 두려움이나 불안감을 다 이겨 내고 오히려 더 왕성하게 활동하고 있다.

위의 두 이야기는 나쁜 것(습관)을 없애는 방법으로 나쁜 것(습관)을 없애기 위해 애쓰기보다, 좋은 것(습관)으로 나쁜 것(습관)을 몰아내야 한다는 교훈적인 의미를 담고 있다.

사람은 누구나 살아온 과거의 행동들이 축적된 좋은 습관과 나쁜 습관을 가지고 있으며, 나쁜 습관을 버리기 위해서 부단히도 노력한다. 그러나 나쁜 습관을 고치는 데만 너무 집착하다 좋은 습관마저 잃어버리는 경우도 많이 볼 수 있다.

지난 20세기 동안 서양이 동양을 앞질렀던 이유 중 하나가 그들이 가진 좋은 습관을 계발하고, 그 좋은 습관으로 나쁜 습관들을 정복했기 때문일 것이다. 우리는 말 옮기기를 좋아하는 사람을 가리켜 나쁜 습관을 가졌다며 그를 욕하지만, 사실 자세히 보면 상대에게 피해가 되는 말뿐만 아니라 유익이 되는 말도 많이 하는 것을 알 수 있다.

말을 옮기는 게 나쁜 습관이 아니고, 상대에게 피해가 되는 말을 옮기는 게 나쁜 습관일 뿐이며, 오히려 상대에게 유익이 되는 말을 옮기는 것은 좋은 습관이 된다.

결국 말 옮기기를 좋아하는 사람이 상대에게 피해가 되는 말은 옮기지 않고 유익이 되는 말만 옮긴다면 그는 결국 좋은 습관으로 나쁜 습관을 정복하는 사람이 될 것이다.

생각 연습

현재 나 자신이 가지고 있는 좋은 습관과 나쁜 습관을 잘 살펴보고, 좋은 습관으로 나쁜 습관을 정복하기 바란다.

나의 생각

....

....

....

....

42
대한민국 건국일

어제 처음으로 광화문광장에서 개최된 3.1운동 100주년 기념행사에 게양된 대형 태극기가 마치 대한민국 정부수립 100주년을 기념하는 행사를 연상케 했다. 역대 3.1절 행사에는 국민들 손에 들린 작은 태극기만 펄럭였고, 대형 태극기는 광복절 행사 때나 볼 수 있었기 때문이다.

원래 대한민국 건국일은 8.15광복을 기념하여 1948년 8월 15일로 지정되어 지금까지 지켜왔는데, 작년 7월 문 대통령이 대통령직속 '3.1운동 및 대한민국임시정부 수립 100주년 기념사업추진위원회'를 출범시키면서 대한민국 건국 시점에 대한 논쟁이 시작됐다.

당시 문 대통령은 출범식에서 "70년을 이어온 남북분단과 적대는 독립운동의 역사도 갈라놓았다"며 1919년 3월 1일을 건국일로 정하여 남과 북이 독립운동의 역사를 함께 공유하자고 북한의 김정은 위원장에게 당부했다고 말했다. 이에 보수 정치인과 학자들은 대한민국은 UN총회에서 공식적으로 1948년 8월 15일을 건국일로 인정받았는데, 문 정부가 이를 부정하여 독립운동을 북한과 공유하면서 촛불집회를 3.1운동과 연관시켜 격상시키려는 행태라며 비난했다.

결론적으로 말하면, 1919년 3월 1일 주장은 1919년에 수립된 비가시적인 임시정부를 국가로 인정하는 진보 성향의 주장이고, 1948년 8월 15일 주장은 제헌국회에 의해 탄생된 가시적인 대한민국을 최초의 국가로 인정하는 보수 성향의 주장이라 할 수 있다.

국가의 건국일이 중요하듯 회사의 창립일이나 사람의 생일도 매우 중요하며, 특히 사람의 생일은 어머니 뱃속에서 세상에 처음으로 나온 날(가시적인 시점)로 누구에게나 가장 축복의 날이고 귀한 날이다.

그러나 사람의 생명이 어머니 뱃속에서 태어나기 10개월 전쯤 잉태된다는 점을 강조하며, 사람의 생일도 잉태된 날(비가시적인 시점)로 정하자는 주장이 나온다면 우리는 어떻게 받아들여야 할까? 비가시적인 시점인 1919년 3월 1일을 건국일로 정할 것인지, 아니면 가시적인 시점인 1948년 8월 15일을 건국일로 정할 것인지 우리 국민들은 혼란스러울 뿐이다.

5개월 후에 개최될 8.15 광복절 행사 때도 대형 태극기가 광화문 광장에 걸릴지, 조금은 궁금하다.

생각 연습

정부가 연일 고농도 미세먼지 비상저감조치를 시행했는데, 이는 수십 년 동안 광화문 광장에 터진 최루탄과 3.1운동 때 일본군 총탄에서 나오는 화약 냄새를 기억하게 하는 교훈적인 미세먼지가 아닐까?

나의 생각

43
5G+5D 시대

한국의 핸드폰은 전화, 문자 위주의 2G 시대를 지나, 2007년에 영상통화와 다양한 데이터 개념의 서비스가 도입되면서 3G 시대를 거쳤고, 2014년에는 4G(LTE) 시대가 시작되면서, 스마트폰 시대로 발전해 왔다.

그리고 2019년에 드디어 초고속, 초연결, 초저지연을 구현하며 4G보다 20배나 빠르고, 10배나 많은 디바이스를 수용하는 5G 시대를 열게 되었다. 5G 시대에는 자율주행 자동차, 증강현실(AR), 가상현실(VR) 등 많은 기술과 사물 인터넷(IoT) 등이 발전하면서 환경, 교통, 안전 등을 핸드폰으로 관리할 수 있게 된다.

핸드폰에서 G는 '세대'를 뜻하는 generation의 약자로 2G, 3G, 4G, 5G로 불리며 G(세대)가 올라갈수록 더 발전된 기술이 적용되었음을 의미한다.

한편, 한국 영화도 시각과 청각에 의존하던 2D와 3D 시대를 지나, 3D 영상에 물리적인 효과나 다른 감각적 요소가 가미된 4D 시대를 거쳐, 지금은 상영관이 360도 회전하는 5D 시대로 발전하고 있다.

영화에서 D는 '차원'을 뜻하는 Dimension의 약자로 역시 2D, 3D, 4D, 5D로 불리며, 핸드폰의 G(세대)처럼 D(차원)가 올라갈수록 더 발전된 기술이 적용되었음을 의미한다.

우리 삶에서도 0D(0차원)는 점의 세계이고, 1D(1차원)는 선상의 이동만 가능한 세계이고, 2D(2차원)는 면상의 이동만 가능한 세계이고, 3D(3차원)는 입체 안에서 이동이 가능한 공간의 세계이고, 4D(4차원)는 시간의 이동까지 가능한 세계를 의미한다.

만약 3차원(3D)의 공간세계에 살고 있는 우리가 시간을 자유자재로 옮겨다닐 수만 있다면 우리는 아인슈타인이 상대성이론에서 최초로 언급한 4차원(4D)의 세계에 살게 되는 것이다. 세상과 현실은 3차원(3D)인데, 우리 영화는 4D을 넘어 5D까지 마케팅전략으로 활용하고 있다는 점에 대해 나쁜 평을 하고 싶지는 않다,

3차원의 공간세계에 살면서, 5G 핸드폰을 사용하고 5D 상영관을 자주 이용하는 젊은이들이야말로 5G+5D 시대의 주인공이다.

생각 연습

이제 스마트폰과 영화는 문화를 뛰어 넘어 시대를 상징하는 아이콘으로 확실히 자리매김 하고 있다.

나의 생각

....

....

....

....

44
시작이 반이다

주부 P씨가 런닝머신 옆에 "시작이 반이다"라는 격언을 붙여놓고 살 빼기 30일 작전에 들어갔지만, 15일째 되는 날 좋지 않은 결과에 불만이 생겨 포기하고 싶은 생각이 들었다.

주부 P씨가 다시 열심히 운동할 수 있는 묘안은 없을까? "시작이 반이다"라는 속담은 무슨 일이든지 마음먹고 시작하면 그 일을 끝낼 수 있으므로 시작이 중요하다는 뜻으로 쓰이는 말이다. '시작이 반이다'를 영어로 표현하면 'Well begun is half done'으로, 직역하면 '잘 시작한 것이 절반을 마친 것이다'라는 의미이며, 잘 시작하는 시작만이 반절을 마친 만큼의 가치가 있다는 뜻으로도 해석할 수 있다.

주부 P씨의 경우 작심하고 시작을 잘했기에 그 시작은 절반을 해 낸 만큼의 가치가 있는 것이라 할 수 있다.

수학에서 명제 A → B(A이면 B이다)에 대하여 명제 ~B → ~A를 처음 명제 A → B의 대우라고 하며, 명제 A → B가 참이라면 그 대우 ~B → ~A는 반드시 참이다. 따라서 어떤 정리를 증명하려 할 때, 직접 증명하기 복잡하거나 어려울 때는 간접적으로 그 명제의 대우를 증명하면 된다.

이러한 증명법을 수학에서는 귀류법(배리법)이라 하며, 간접증명법의 하나로 자주 이용된다. '시작이 반이다'를 수학의 명제와 대우 관계에 적용해 볼 때, '시작이 반이다'의 의미가 참이라면, 대우 명제인 '반절을 마치지 않으면 시작하지 않은 것이다'도 참으로 해석할 수 있다.

위 원리에 의하면, 주부 P씨가 다이어트 운동 절반(15일)을 마치지 않았다면 P씨는 운동을 시작도 하지 않은 것이 된다. 주부 P씨가 15일째 되는 날, 운동기구 옆에 붙여 놓은 '시작이 반이다'라는 문구를 떼어 내고 '반절을 마치고 난 후에야 비로소 시작이다'라는 문구를 붙여 놓으면 어떨까?

아마 P씨는 다시 새로운 도전정신으로 운동을 시작하여 다이어트에 성공할 것이다.

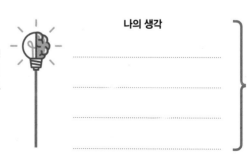

생각 연습

100세 인생에서 50대는 이제 인생을 시작하는 시점일 뿐이다. 시작이 반이라는 말이 좌절하거나 주저하고 있는 모두에게 용기가 되길 바란다.

나의 생각

....

....

....

....

45
아는 것이 본질이다

고기를 잡아주는 것보다 고기 잡는 방법을 알려 주는 게 낫다는 탈무드 교훈은 본질적인 접근이 아니다. 고기의 성질이나 동선 등 고기에 대해 정확히 알려 주는 것이 본질적인 접근으로서 더 큰 능력을 발휘할 수 있다.

생텍쥐페리(Saint-Exupery)의 동화 『어린왕자』에서 배를 만들려면 자재를 구입하거나 배를 만드는 방법에 힘을 쏟지 말고 바다에 대한 동경심을 가져야 한다는 내용이 있다. 배를 만들기 위해서는 배를 알고 바다까지 알라는 본질적인 접근이 중요하다는 의미다. 기독교에서는 삼라만상 모든 것을 알기 위해서는 먼저 천지를 만드신 하나님을 알라고 한다.

그러므로 믿음은 하나님을 아는 것이 본질이지 하나님을 어떻게 섬길 것인지가 본질이 아니다. 마찬가지로 사람과의 관계에서도 신뢰는 상대를 아는 것이 본질이지 상대와 어떤 관계성을 갖느냐는 방법의 문제일 뿐이다.

이웃집 아저씨는 누군가의 자식을 보이는 현상으로만 이해하지만, 부모는 자식이 정확히 누구인지 잘 알고 있기 때문에 부모 자식 간의 관계에서는 위대한 일들이 날마다 생긴다.

음식 만드는 방법을 배우지 않았지만 음식 맛을 아는 사람은 언젠가는 스스로 그 맛을 찾아낼 수 있을 것이다. 방법을 통달한 자는 장인에 머물지만,

본질을 꿰뚫은 자는 명장이 된다는 인식이 우리 사회 전반에, 특히 산업현장에 널리 깔려 있으면 좋겠다.

지금 내가 하고 있는 어떤 일의 본질이 무엇인지도 모른 상태에서 방법에만 열중하고 있는지 고민해 볼 일이다. 인생 전체도.

생각 연습

오늘 내 주변을 살펴보고 사람이나 일에 있어 그 본질을 얼마나 알고 있는 지 점검하는 하루가 되기 바란다. 그리고 알지 못하고 믿다가, 그 믿음으로 인해 더 큰 문제가 생겨 결국 후회하는 우를 범치 않기 바란다.

나의 생각

46
프레임
(Frame)

　움직이지 않는 지구본을 놓고 둥근 지구를 명확하게 구분한다면 적도를 중심으로 북반구와 남반구, 즉 南北(위도)의 시각으로 봐야 하지만 회전하는 지구본을 놓고 본다면 東西(경도)의 시각으로 봐야 한다. 지구는 서쪽에서 동쪽으로 자전하기에 우리는 해가 동쪽에서 떠 서쪽으로 진다고 느끼며 매일 東西의 동선에 민감하게 반응하며 산다.

　그러나 남쪽의 열대지역은 계속 덥고, 북쪽의 냉대지역은 계속 춥다. 그 중간지역이라 해도 계절의 변화가 늦기에, 기온 변화로 느낄 수 있는 南北의 동선에 대해서는 둔한 편이다. 또한 선진국이 북반구의 동일 위도상에 東西로 벨트를 형성하고 있어 東西 동선은 활발하지만, 사람이 살 수 없는 남극, 북극, 적도로 이어지는 南北 동선은 활발하지 못하다.

　인류의 역사를 보더라도 南北 프레임보다 東西 프레임에 더 비중이 쏠려 있으며, 이념이나 경제나 전쟁 등 대부분의 교류와 대립이 東西 프레임으로 이어져 왔다. 대양(大洋)을 기준으로 나뉜 동양과 서양이 오랜 기간 동안 서로 이념, 경제, 과학, 군사력 등 여러 부문에서 경쟁하고 있는 것만 봐도 알 수 있다.

　선진국과 개도국 관련 南北문제는 사라진 지 오래됐지만, 사회주의와 자본주의 이념 관련 東西문제는 지금도 옷만 바꿔 입었을 뿐 계속되고 있다는 사실 역시 세계가 東西 프레임으로 움직이고 있음을 증명하고 있다.

성경에 '동이 서에서 먼 것 같이'(시 103:12)라는 구절이 있고, 임꺽정도 '동에 번쩍 서에 번쩍 했다'는 말이 있듯이 東西 프레임이 南北 프레임보다 우리 사회 속에 더 깊숙하게 들어와 있음도 알 수 있다. 그러나 대한민국은 경제, 외교, 문화 등 대부분이 東西 프레임으로 움직이고 있지만, 통일이라는 과업을 이루기 위해서는 南北 프레임을 염두에 두어야 하는 입장에 있다.

통일 이전이나 이후에도 東西 프레임으로 세계의 東西 동선과 일치했던 독일에 비해, 우리는 통일과 관련하여 南北 프레임으로 세계의 東西 동선과 다른 방향성으로 가야 하는 점을 명심하고 깊이 고민해 봐야 한다.

부분적으로는 南北 프레임이 세계 곳곳에서 종종 나타나고 있지만, 전 세계적인 차원에서 보면, 아무리 생각해 봐도 세계는 東西 프레임으로 진행되고 있음을 간과할 수 없다.

생각 연습

그래도 남한의 경상도와 전라도, 북한의 함경도와 평안도의 경쟁 관계가 오랫동안 지속되면서 조금이나마 東西 프레임을 경험한 대한민국이다.

나의 생각

....

....

....

....

47
빼앗긴 언어

2018년 통계에 의하면, 한국의 종교 비율은 무종교가 56%에 달하고 기독교 19.7%, 불교 15.3%, 천주교 7.9% 순이라 한다. 한국에서 종교를 가지고 있는 사람이 44%나 되니 그만큼 한국인이 사용하는 대부분의 언어는 종교적인 색채를 띠고 있을 수밖에 없다.

기독교인들은 주로 믿음, 소망, 사랑, 축복, 율법, 복음, 은혜, 헌금 등의 언어를 사용하고, 불교인들은 인연, 자비, 저승, 윤회, 공양, 도량, 보살 등의 언어를 많이 사용하고, 천주교인들은 성자, 성심, 천주님, 순교, 감복 등의 언어를 주로 사용한다. 그런데 아이러니하게도 종교인들은 자신의 종교 정체성을 주장하고 타종교를 배척하는 차원에서 타 종교의 주요 언어를 거의 사용하지 않는 편이다(여호와증인들이 사용하는 '왕국'은 아예 기피 대상 1호이기도 하다).

종교가 삶에서 가장 유익하고 핵심적인 언어를 자기 종교의 교리나 경전에 선점하여 특별한 언어처럼 사용함으로 그 언어를 오히려 많은 사람들로부터 빼앗아 갔다는 부정적인 느낌을 지울 수가 없다.

얼마 전 베트남 다낭에 여행을 다녀온 친구에게 들으니 베트남에는 기독교, 이슬람교, 불교, 유교, 도교와 토속신앙이 혼합된 까오다이교(Caodaism)

라는 혼합종교가 있는데, 까오다이교 사원에서는 예수, 무함마드, 석가, 공자, 노자, 토속신의 초상화를 걸어놓고 모든 신들에게 기도를 한다고 했다.

단순히 여러 종교가 공존한다는 종교다원주의를 뛰어 넘어, 타종교의 좋은 요소들을 연구하고 종합하여 혼합하자는 종교혼합주의가 100년 전 베트남에서 이미 시작됐다는 생각에 자존심이 강한 베트남 국민들의 깊은 종교심을 알 수 있을 것 같다.

종교의 옳고 그름을 떠나 까오다이교 사원에서 모든 종교의 주요 언어들이 같이 사용되고 있다는 사실에 대해서는 매우 고무적이지 않을 수 없다. 한국 종교가 혼합종교로 가는 데는 반대지만, 각 종교의 주요 언어를 모든 종교가 서로 혼용하여 사용하는 것은 바람직하다고 생각된다. 베트남에 가면 까오다이교 사원에 들러서 그들이 사용하는 언어를 꼭 확인해 봐야겠다.

생각 연습

타 종교의 주요 언어도 자연스럽게 사용하는 것이 빼앗긴 언어를 찾아오는 것이 아닐까? 특히 종교 지도자들이 먼저 사용하면 좋겠다.

나의 생각

48
달

달(Moon)은 빛의 주권이 없어 태양처럼 스스로 빛을 발하지도 못하고, 태양처럼 지구에 밝음과 성장의 동력을 스스로 선물하지도 못한다. 태양처럼 지구가 1년이나 돌아야 할 정도로 거대하지도 않고, 태양빛을 있는 그대로 흡수하여 지구에 포장 없이 반사할 뿐이다.

기후경영이 필요한 모든 산업 분야에 성공 비법을 알려 주고, 지치고 힘든 사람들에게 희망을 선물할 뿐이다. 한 달에 한 번씩 지구를 쉬지 않고 돌면서 밤에 어두운 곳을 밝히기 위해 태양의 불씨를 보관할 뿐이다.

또한 태양과 지구 사이의 중력과 지구의 공전 원심력이 일치하지 않으면 지구가 폭발하듯이, 지구와 달 사이의 중력과 달의 원심력이 일치하지 않으면 추락하고 만다.

이토록 연약한 존재이기에 태양과 지구의 질서를 존중하고, 지구와의 질서 역시 잘 유지해야 한다. 태양과 지구 사이에 있으면서 초승달과 그믐달이 되어 지구에 경고하고, 지구를 사이에 두고 태양과 마주보면서 보름달이 되어 지구를 더 밝혀 줘야 하는 이유가 뭘까?

태양이 떴을 때는 숨어 있고 태양이 질 때 나타나는 운명과 태양빛을 받아 지구에 전달하는 가장 원리적인 운명 때문이 아닐까?

문(Moon) 정권의 청와대가 달(Moon)을 닮으면 좋겠다. 청와대는 국민이 없으면 스스로 어떤 힘도 가질 수 없는 존재로, 국민 주위를 빙빙 돌면서 국민의 소리를 잘 챙겨 들어 국정운영에 반영해야 하고, 국민이 외면하면 추락하고 마는 연약한 존재이기에 국가와 국민의 질서를 존중해야 한다.

때론 보름달이 되어 우리 사회의 어두운 곳을 밝혀 줘야 하고, 때론 초승달이나 그믐달이 되어 잘못된 부분에 대해 과감히 경고를 해야 한다. 달이 청와대에 주는 큰 교훈이다.

생각 연습

모두에게 희망과 소망이 되어주는 달(Moon)을 닮은 문(Moon) 정권의 청와대가 되기 바란다.

나의 생각

49
일본의 대외투자 교훈

방글라데시가 1971년 파키스탄으로부터 독립한 후 10여 년 동안 내란을 거쳐 안정을 찾을 때쯤 일본은 방글라데시에 도로, 다리, 항만, 전력 시설 등 사회간접자본(SOC) 개발 투자를 선점했다.

그리고 일본은 일본에서 유학한 방글라데시 엘리트가 일본인과 결혼하면 전폭적으로 지원해 주는 사람에게 투자하는 혼인정책을 병행했다.

미얀마가 개방되자 세계 각국에서 각축을 벌이며 투자 경쟁을 벌였듯이, 당시 방글라데시에도 세계 각국에서 여러 분야에 투자를 했지만, 40년이 된 지금의 방글라데시에는 온통 일본제품과 일본인 아내를 둔 고위직들로 가득 차 있는 이유가 뭘까?

최근 세계적인 투자가 미국의 짐 로저스(Jim Rogers)가 "내 전 재산을 북한에 투자하겠다"며 대북투자를 발표하면서 북한 투자에 대한 관심이 고조되고 있다. 이는 로저스 외에도 북미회담이 진행되는 상황에서, 전 세계에 북한의 개혁개방 초기에 투자를 선점해 수익을 남기려는 속셈과 북한의 풍부한 광물자원에 투자해 큰돈을 벌겠다는 속셈이 깔려 있다는 것을 의미한다.

이에 국내외 언론들은 중국이 이미 북한의 SOC 개발에 투자했고, 무역거래 규모도 95%를 넘었고, 광산도 대부분 개발권을 갖고 있기에, 타 국가들의 대북투자가 쉽지는 않을 것이라고 보도하고 있다. 하지만 지금 북한의 도로, 다리, 항만, 전력 시설 등은 형편없는 수준으로 다시 개발해야하기에 세계의 관심이 집중되고 있는 것도 사실이다. 로저스 발표 전부터 우리 기업 뿐만 아니라 세계 각국의 기업들도 북미회담이 성공적으로 끝나고 북한의 경제제재가 풀리면서 북한이 개방될 때, '어떻게 대북투자를 할 것인 지'에 대해 비밀리에 고민해 왔을 것이다.

결국 로저스의 대북 투자발표가 북미회담의 주제인 핵문제 뒤에 숨어 있는 북한 개방 이후의 대북투자에 관심을 가지고 있는 세계 각국의 가업들의 속내를 드러낸 꼴이 된 것 같다.

이 시점에서 트럼프의 또 하나의 고민이 핵문제 외에 대북 제재가 풀리면 북한과 혈맹관계인 중국이 북한 투자에 선점할 가능성이 크다는 점에 있음도 눈여겨 볼 일이다. 일본이 방글라데시에 사회간접자본 개발뿐만 아니라 혼인정책 등 사회와 사람에게 투자한 지 40년이 지난 지금도 방글라데시에서 영향력을 행사하고 있음을 생각해볼 때, 그래도 대한민국에 가장 큰 기회가 있다고 자위해본다.

생각 연습

30년 전 안재형과 자오즈민 커플이 한중 교류에 속도를 내게 했듯이, 남한과 북한 스타들의 결혼이 많이 이루어지면 좋겠다. 통일시대 전 단계인 북한의 개혁개방시대와 관련해 우리의 고민을 생각해 봤다.

나의 생각

....

....

....

....

50
기억력

L선배로부터 오늘 눈이 내리니 강아지같이 기분이 up된다는 문자를 받고, 오늘 눈이 내리자마자 비로 변하니 강아지같이 기분이 down된다고 답했다.

2개월 전쯤 L선배는 '친구들 이름도 얼굴도 기억이 잘 안 난다'면서, 50대까지는 친구들을 다 기억할 정도로 기억력이 up되어 있었는데 60대가 되면서 점점 기억력이 down됐다며 스스로 자책하고 있었다.

오늘 L선배로부터 문자를 받고 나이 들면서 기억력이 떨어진다는 표현이 모순이라는 걸 생각해 봤다.

기억은 이전 현상이나 경험을 의식 속에 간직하거나 다시 생각해 내는 것으로 저장과 인출의 기능을 가지고 있다. 그러므로 기억은 능력의 문제가 아니라 용량의 문제와 인출의 문제로 봐야 하며, 그래서 새 정보를 담기 위해서는 오래된 정보부터 지워야 한다.

L선배는 60대에 겪은 새로운 정보들을 저장하기 위해 이미 뇌에 저장된 과거 50년 동안의 기억을 오래된 것부터 서서히 지웠을 뿐인데, 지워 버린 정보를 기억하지 못했다 하여 기억력이 떨어졌다고 자학하는 것은 잘못이다.

그러나 암기는 기억이 용량이나 시간의 관점인 반면, 기억을 위한 하나의 방법으로 주로 뇌에 새로운 정보를 입력하는 관점에서 봐야 한다. L선배는 60대에 들어서면서 신체 모든 기능이 저하되어 암기력이 떨어졌을 뿐이지, 기억력이 떨어진 것은 아니라고 볼 수 있다.

만약 L선배가 최근 일 중에서 자신에게 중요한 일인데도 기억하지 못했다면, 이는 기억력이 아닌 암기력이 떨어졌다고 말할 수 있다. 그리고 50년이나 된 오래된 것들을 기억하지 못했다고 해서 기억력이 떨어졌다고 말하는 것도 모순이 아닐 수 없다.

생각 연습

나이가 들면 암기력은 떨어지겠지만 아직 왕성한 기억력을 가지고 있다. 디지털 세대인 20–30대보다 아날로그 세대인 60대의 기억력이 훨씬 좋을 수도 있다.

나의 생각

51
Soft Power

북한의 김정은이 작년 남북정상회담에 앞서 한국의 Hard Power(군사력, 경제력)보다 Soft Power(문화 현상)가 더 무섭다고 말한 적이 있다. 그러나 현재 2차 북미정상회담에 임하는 김정은은 미국의 Soft Power(문화 현상)보다 Hard Power(군사력, 경제력)를 바탕으로 한 경제 제재에 더 신경 쓰고 있는 느낌이다.

21세기를 기점으로 세계는 Hard Power시대에서 Soft Power시대로 들어섰다. Hard Power는 UN이나 APEC같은 기구나 강대국의 직접적인 제약에 활용되지만, Soft Power는 불가시적인 파워로 제약이나 제재에 상관없는 간접적인 파워이기에 소리 소문 없이 더 큰 힘을 발휘하게 된다.

문화의 씨앗은 종교라 할 수 있는데, 세계사를 보더라도 종교 수출에 성공한 국가가 문화도 동시에 수출하고, 그래서 Soft Power가 강한 국가로 선진국이 됐다.

미국은 기독교를 전 세계에 수출하면서 기독교 문화(하나님 사랑, 이웃 사랑) 보급과 함께 미국 문화와 정신을 세계 곳곳에 심어, 강대국의 발판을 마련함으로 세계 제1의 국가가 됐지만, 인도는 세계 4대문명의 하나인 인더스문명과 함께 세계 4대종교인 불교와 힌두교의 발생지인데도, 불교는 중국에 주도권을 빼앗겼고 힌두교는 아예 자국의 종교로만 가둬 놨으니 국가 간의 경쟁에서 Soft Power의 확장성이 약할 수밖에 없어 지금도 가난에서 벗어나지 못하고 있다.

다행히도 한국은 기독교가 170여 국가에 약 2만여 명의 선교사를 파송하여 기독교 신학과 신앙뿐만 아니라 한국 문화도 함께 전파하고 있으며, K-pop까지 합류하여 전 세계에 한국의 Soft Power를 수출하고 있어 다행이 아닐 수 없다.

2차 북미정상회담에 임하는 김정은은 미국의 Soft Power에 관련하여 깊은 성찰도 해야 할 것이다. 김정은이 미국의 강력한 Soft Power를 피부로 느낄 수 있는 날이 멀지 않았기 때문이다.

생각 연습

기업이나 개인도 Hard Power를 단단히 하되, Soft Power 능력까지 가질 때, 더 큰 경쟁력이 있지 않을까?

나의 생각

_____

_____

_____

_____

52
잘난 체?

용혜원 시인의 싯귀에 '사랑의 안경을 쓰고 사람을 보면, 잘난 체하는 사람도 참 똑똑해 보인다'는 내용이 있다.

그러나 '체하다'의 의미가 '앞말이 뜻하는 행동이나 상태를 거짓으로 그럴듯하게 꾸밈을 일컫는 말'임을 생각해 보면 위 싯귀가 모순이 아닐 수 없다.

사랑이 실제 잘나지 않은 사람을 똑똑한 사람으로 착각하게 해 주는 격이 되고, 우리 주변에서 잘난 체하는 사람들을 자세히 보면 대부분 실제 잘난 사람이 많기 때문이다(그렇지 않은 사람도 있지만).

그렇다면 실제 잘난 사람의 잘난 행동을 보고 잘난 체한다고 말하면 안 되는데 우리는 왜 그러지 못할까? 자신보다 잘난 사람을 인정하기 싫어서가 아닐까?

자신의 옹졸함 때문에 실제 잘난 사람을 잘났다고 인정 못하고 잘난 체한다고 말하는 우를 범치 않아야 한다. 만약 삶의 현장이나 고등학교 단체 카톡방 같은 사이버공간에서 은근 슬쩍 자랑하는 누군가를 잘난 체한다고 판단했다면, 다시 한 번 그 누군가가 실제 잘난 사람이 아닌지 생각해 봐야 할 것이다.

그리고 실제 잘난 사람이라면 인정해 주고 응원해 주고 그 잘난 사람으로부터 많이 많이 배우면 된다.

　단체 카톡방에 누가 뭐래도 글도 댓글도 그리고 자신의 소식도 자주 올리는 사람들이 대부분 잘난 사람이라는 사실을 이 글을 쓰면서 느끼게 된다.

생각 연습

잘난 체하는 사람이라고 판단했던 사람들에 대해 다시 한 번 더 깊이 생각해 보는 하루가 되기 바란다.

나의 생각

....

....　....................................

....

....

53
포틴데이
(Fourteen Day)

1990년대 이후 청소년들 사이에 기념일로 여겨지는 14일, 곧 포틴데이 (fourteen day)의 의미를 정리하면 다음과 같다.

1월 14일 | 다이어리데이(Diary day), 헬로우데이(Hello day) : 다이어리를 연인에게 선물하고, 가장 먼저 연인에게 인사하는 날.

2월 14일 | 밸런타인데이(Valentine Day) : 좋아하는 친구들끼리 특히 여자가 남자에게 초콜릿 따위를 선물하는 날.

3월 14일 | 화이트데이(White day) : 남자가 좋아하는 여자에게 사탕을 선물하며 자신의 마음을 전하는 날.

4월 14일 | 블랙데이(Black day) : 발렌타인데이에 남자친구에게 초콜릿을 선물하지 못한 여자나 화이트데이에 사탕을 주지 못한 남자가 만나 서로의 외로움을 달래는 날.

5월 14일 | 옐로우데이(Yellow day), 로즈데이(Rose day) : 블랙데이까지 연인을 사귀지 못한 사람이 노란색 옷을 입고 카레를 먹고, 장미가 활짝 핀 야외로 나가는 날.

6월 14일 | 키스데이(Kiss day), 머그데이(Mug day) : 14일에 만난 연인들이 입맞춤을 하고, 시원하게 음료수를 마실 머그잔을 선물하는 날.

7월 14일 | 실버데이(Silver day), 링데이(Ring day) : 선배 또는 부모님에게 데이트

비용을 부담하게 하면서 자신의 애인을 다른 사람에게 선보이고, 연인들끼리 은제품을 선물하는 날.

8월 14일 | 그린데이(Green day), 달데이(Doll day), 껌데이(Gum day) : 산림욕 같은 것을 하며 연인들끼리 즐거운 하루를 보내고, 또한 이날까지 애인이 없는 사람들이 모여서 그린소주를 마시고, 인형을 선물하고, 어린이들은 좋아하는 이성 친구에게 예쁘게 포장한 껌을 선물하는 날.

9월 14일 | 뮤직데이(Music day), 포토데이(Photo day) : 나이트클럽처럼 음악이 있는 곳에 친구들을 모아놓고 자랑스럽게 연인을 소개하면서 둘 사이를 공식화하는 날이고, 청명한 가을 하늘 아래서 연인과 사진을 찍는 날.

10월 14일 | 레드데이(Red day), 와인데이(Wine day) : 좋아하는 연인들이 붉은 와인을 마시는 날.

11월 14일 | 오렌지데이(Orange day), 무비데이(Movie day), 쿠키데이(Cookie day) : 오렌지주스를 마시고 연인끼리 영화를 보고, 어린아이들 사이에서는 이성 친구에게 쿠키를 선물하는 날.

12월 14일 | 머니데이(Money day), 허그데이(Hug day), 양말데이 : 그간 선물거리가 떨어진 사람들이 이날은 주로 남자가 여자에게 돈을 쓰고, 연인끼리 서로 포옹하고, 크리스마스를 대비해 양말을 선물하는 날.

생각 연습

우리는 주로 밸런타인데이와 화이트데이만 알고 있는데, 매월 14일이 청소년을 위한 포틴데이라는 것도 기억하자. 또한 데이 마케팅에 속지 말고 진심을 전하는 의미 있는 날로 보내기 바란다.

나의 생각

54
익숙

어제 만난 전주 서신동 출신의 김 사장은 고향에 내려갈 때마다 고향이 아닌 타향에 간 것 같은 느낌이 들었다며, "미나리방죽만큼은 남겨놓고 개발했어야 했는데"라고 말하면서 슬픈 감정을 감추지 못 했다.

그러면서 김 사장은 유럽여행을 가 보니 수백 년 된 건물이나 도로가 여기저기 널려 있어 유럽 사람들은 고향 갈 맛이 나겠다며 유럽을 부러워했다.

그렇다. 우리는 익숙한 것을 만날 때 마음이 편해지고, 그 편한 마음으로 인해 행복을 느끼게 된다. 그래서 익숙한 고향이 편하고, 익숙한 친구가 편하고, 익숙한 물건이 편하고, 익숙한 것들로 가득 찬 대한민국이 외국 어느 나라보다 편하다.

시스템도 익숙한 시스템이 편하고, 음악이나 음식이나 문화도 익숙한 겻이 우리를 편하고 행복하게 한다. 전철에서 자주 볼 수 있는 고령의 어르신들의 모습이 한국을 방문한 낯선 외국인들과 별 차이가 없어 보이는 이유 역시, 사회가 온통 새로운 것들로 가득 차 있어 고령의 어르신들에게 익숙하지 못하기 때문일 것이다.

익숙하다는 것은 주인(소유)의식을 갖는 자가 느끼는 가장 기본적인 생각으로, 자동차나 주택이나 각종 물건들이 타인에게는 낯설지만 소유한 주인에게는 무척 익숙할 수밖에 없다. 만약 전주 서신동의 미나리방죽이 지금까지 잘 보존되고 있었다면, 전주 서신동 출신뿐만 아니라 미나리방죽을 잘 아는 모든 사람들이 공동의 소유자(?)가 되어 그들에게 많은 익숙함과 함께 행복을 주었을 것이다.

우리나라가 매우 빠른 속도로 고령화 사회에 들어가고 있음을 감안해 볼 때, 지금이라도 고령의 어르신들에게 익숙한 것을 찾아 돌려주고 또한 익숙한 시스템을 개발하여 고령화 사회의 근본적인 문제부터 해결해야 할 것이다. 무조건 복지만 늘리고 낯선 것들에는 쩔쩔매며 외국여행 온 기분으로 살아가는 고령의 어르신들을 이대로 방치해서는 안 된다. 지금 젊은이들이 익숙한 것들을 만들어 가고 있듯이, 고령의 어르신들도 젊었을 때 익숙한 것들을 만들어 왔는데, 왜 사회가 어르신들의 그 익숙한 것들을 다 훼손시켜 버렸는지 안타깝기만 하다.

진정한 효도도 부모에게 익숙한 것을 찾아주는 것이 아닐까 생각해 본다.

생각 연습

오늘은 익숙한 음악을 듣고, 익숙한 사람과 전화를 하고 익숙한 식당에 가서 익숙한 대화를 하면서 익숙한 음식을 먹어 보면 어떨까?

나의 생각

55
두 변호사

철수와 영수가 법관 시절 같이 산에 등반하면서 등산객을 상대로 폭리를 취하는 장사꾼을 보고 철수가 저지하며 등산객을 보호해 주자 영수가 잘했다고 공감했다.

10년 후 철수와 영수가 변호사 시절 등반하면서는 토끼를 공격하는 매를 보고, 철수가 매를 쫓아내며 토끼를 구해 주자 영수가 매 입장에서는 나쁜 일이라며 공감하지 않았다. 법관 시절엔 인간적인 판단으로 서로 공감했지만, 변호사 시절엔 동물적인 판단으로 공감하지 못했다.

트럼프와 시진핑 역시 지금 같이 등반하면서 한국과 북한의 분단과 다툼을 보고 인격적인 관점이 아닌 동물적인 관점에서 판단하고 있는 것 같아 씁쓸하다.

판사의 관점은 공익이 우선이지만, 변호사의 관점은 무조건 의뢰인 편을 들어 이익을 많이 내는 게 목적이다. 트럼프 변호사와 시진핑 변호사가 끝까지 싸우는 이유가 한국과 북한 어느 누구의 승자를 위한 것이 아닌 선임료와 성공보수 등 이권이 걸려 있기 때문임은 다 아는 사실이다.

최근에도 두 법무법인 G2가 서로 만나 여러 번의 딜을 하고 있지 않은가?

한국과 북한의 길고도 긴 68년 동안의 소송이 한국과 북한의 싸움을 뛰어

넘어 두 법무법인 G2의 총체적인 싸움으로 도대체 끝날 기미가 보이지 않고 있다.

선임료를 계속 많이 내야 하는 한국과 차후에 성공보수를 많이 내야 하는 북한의 세기작인 재판이 언제쯤 끝날까? 지금 전 세계는 북한의 핵개발에 대한 트럼프 변호사의 북한 제재에 관심이 쏠려 있지만, 애초 우리의 재판은 한국과 북한의 통일 문제였다는 것을 명심해야 한다.

트럼프 변호사는 시진핑 변호사와의 자존심 문제와 자신의 법무법인의 당장의 이익을 위한 컨셉으로 변론하고 있고, 시진핑 변호사는 판결 이후의 이익과 역시 트럼프 변호사와의 자존심 문제의 컨셉으로 변론하고 있는 상황이다.

앞으로 트럼프 변호사가 북한 지도자를 만나 비핵화 문제와 종전선언 문제를 해결한다 해도, 왠지 우리가 찝찝할 수밖에 없는 이유는 뭘까? 트럼프가 판사 자격이 아닌 변호사 자격으로 문제를 해결하려 하기 때문일 것이다.

생각 연습

미국은 통일 이후 한반도의 이권을 중국에 양보하더라도 북한 핵문제에 올인할 것이다. 어차피 대한민국은 역시 직으로나 시리석으로나 무역규모로나 이미 중국 쪽에 기울어진 것을 조금이나마 인정해야 하지 않을까?

나의 생각

56
일감 몰아주기 비밀

제조회사 공장에서 생산된 물품을 제품(製品)이라 하고, 제품이 거래 대상이 되어 유통회사 등을 통해 사고 팔릴 때 상품이 된다. 그런데 최근 제품과 상품을 구분하지 못한 공무원의 무지(?)와 제품과 상품(商品)을 구분하고도 기업의 이익만을 대변하는 전경련의 행태에 의해 막대한 증여세를 피해 간 모 그룹 부회장의 스토리를 한 언론이 파헤쳐 화제가 되고 있다.

지난 2011년 이명박 정부는 재벌의 일감 몰아주기 편법 증여를 근절하겠다며 증여세법을 개정했다. 당시 그룹 총수들이 비상장사를 싼값에 자녀에게 물려준 뒤 일감을 몰아주고, 비상장사를 키워서 그룹의 모회사와 합병하여 결국은 그룹 전체를 자녀에게 물려주는 관행이 성행했기 때문이다.

개정안은 친족 회사나 그룹 계열사 등 특수관계 법인과의 내부거래 비율이 전체 매출의 30%를 넘으면 증여세를 부과한다는 내용이었다. 그러나 기재부는 수출을 장려한다는 명분으로 수출 목적으로 해외 법인과 거래한 매출액은 일감 몰아주기 과세 대상에서 빼 주기로 했다. 그런데 처음 예고한 입법 안에는 과세 대상 매출 범위에 제품(제조회사)만 포함됐는데, 나중에 확정된 안에서는 갑자기 제품뿐만 아니라 상품(유통회사)까지 추가되었다.

이로 인해 실제 내부거래 비율이 80%가 넘는 유통물류회사인데도 상품까지 추가 대상이 되면서 내부거래 비율이 30%대로 낮아져, 모 그룹 부회장은 최근 몇 년 동안 1,000억원 상당의 증여세를 피해 갈 수 있었다고 한다.

현재 모 그룹 부회장은 법적으로 전혀 잘못이 없지만, 만약 증여 문제를 넘어 그룹을 자녀에게 넘기려는 그룹 차원의 의도된 전략에 의해 기재부도 전경련도 긴밀히 동조했다면, 이는 큰 문제가 아닐 수 없다.

과거 정부나 국회나 언론이 이를 몰랐다면 무능한 것이고, 알고도 넘어갔다면 부정한 것이 아닐까? 우리 국민들이 합리적인 의심을 하지 않을 수 없는 이유를 어떻게 설명해야 할지 모르겠다.

생각 연습

몇 년 전까지만 해도 우리 사회에 큰 이슈가 되었던 일감 몰아주기 문제가 왜 최근까지 조용했는지에 대한 그 비밀(제눔→제품, 상품)을 우리 국민들이 이제라도 알게 되어 다행이다.

나의 생각

57
띠의 기준

불과 10년 전만 해도 음력으로 1월 1일 설날(구정)이면 띠에 관한 이야기가 화제였다.

TV나 라디오 방송에서는 그 해의 띠를 가지고 태어난 스타들을 상대로 인터뷰를 했고, 당해년도의 띠동물에 관한 유래와 스토리 등 각종 운세를 바탕으로 한 해의 비전과 덕목을 설정하여 기획방송을 내보내기도 했다. 그런데 2019년(기해년) 음력 1월 1일 설날에는 아무리 봐도 방송이나 사람들의 덕담 속에서도 띠에 관한 이야기를 전혀 들을 수 없었다.

언젠가 양력으로 1990년 1월생인 아들이 나에게 말띠가 맞냐고 물어본 적이 있다. 아들은 양력설을 기준으로 하면 말띠지만 음력설을 기준으로 하면 뱀띠라며 자신과 같이 양력설과 음력설 사이에 태어난 사람들은 무슨 띠인지 헷갈리는 것 같다고 했다. 띠 관련 자료를 찾아보니, 띠를 정하는 기준은 세 가지라는 사실을 알 수 있었다.

첫째는 십간(十干)과 십이지(十二支)를 조합한 육십갑(六十甲)은 음력를 기본으로 하니 띠의 시작은 음력 1월 1일 설날이라는 주장이고, 둘째는 만물이 생동하는 입춘을 한 해의 시작으로 보고 띠의 기준을 입춘으로 보는 주장이고, 셋째는 한자문화권에서 천체의 주기적 운동을 통해 만든 달력의 시작 기점인 동지를 한 해의 시작으로 여겨 동지가 띠의 기준이라는 주장이었다.

현재 대한민국에서는 띠에 관한 어떤 기준도 정해져 있지 않지만, 사회적 문화적 정서로 볼 때 우리 나라의 띠의 기준은 음력설도, 입춘도 동지도 아닌 양력설이라는 느낌이 든다.

최근 양력설에는 당해년도의 띠에 관한 이야기가 이슈로 등장하지만, 음력설에는 전혀 이슈가 되지 않는 것만 봐도 알 수 있다. 다만 역학자 등이 사주나 점을 볼 때, 그들의 관점에서 위 세 가지 기준을 선별하여 사용하고 있는 정도다.

생각 연습

띠에 관한 기준의 세 가지(음력설, 입춘, 동지) 주장보다 양력설이 띠의 기준이라는 우리 사회의 정서와 반향이 미래지향적이라고 생각해 보자.

나의 생각

58
이장 아들 스토리

3년 전 설 명절에 고향을 찾았을 때, 당시 80세의 고령의 마을 이장은 아들이 서울에서 동업하다 망해서 전답을 담보로 3억 원을 대출받아 갚았다며, 절대 사람을 믿지 말고 동업도 하지 말라고 나에게 간곡히 당부했었다.

이장이 말한 아들의 스토리는 이렇다.

이장 아들은 대기업 부장 출신으로 퇴사 후 골프모임에서 만난 장 사장이라는 사람과 함께 동업을 하게 됐다. 장 사장은 이장 아들이 대기업 회장 비서실 출신이라는 걸 알고 동업하자고 했고, 이장 아들도 자금이 풍부한 사람과의 동업이 괜찮다고 생각돼 흔쾌히 응했다. 이장 아들은 동업을 결심한 후 대기업 회장을 찾아가 자초지종을 말했고, 회장도 긍정적으로 생각한다며 자신이 직접 챙기는 프로젝트에 참여하도록 도와주겠다고 했다. 대신 회장은 장 사장이라는 사람에게는 회장 자신의 존재를 절대 비밀로 하고, 자신을 모 팀장으로 소개하라고 했다.

그런데 프로젝트가 한참 잘 진행되고 있을 때, 장 사장은 자신이 원하는 기한보다 일이 늦어지자 투자금액 3억 원을 다 내놓으라고 하면서 회장에게 찾아가 팀장이 거짓말을 하고 일을 늦춰서 망했다고 실토하겠다고 이장 아들을 압박했다. 결국 이장 아들은 이 모든 게 알려지면 회장에게 누가 될까 봐 시골 부모의 논밭을 담보로 은행에서 대출받아 장 사장이 투자한 3억 원을 다 갚았다. 이상이 3년 전 고향 마을 이장이 나에게 하소연한 이야기다.

그런데 얼마 전 우연히 나에게는 4년 후배인 이장 아들을 만나서 당시 상황을 들을 수 있었다. 당시 장 사장한테 많은 수모를 받고도 회장에게 누가 될까 봐 스스로 손해를 보면서 조용히 장 사장과의 관계를 정리한 이장 아들의 소문을 듣고, 회장은 이장 아들에게 손해 본 3억 원을 주었고 새로운 사업도 밀어주어 지금은 꽤 성공했다고 했다.

지금도 장 사장은 자신을 사기꾼으로 알고 있을 것이라는 이장 아들의 말에서 사기꾼의 누명을 쓰더라도 회장과의 비밀 약속은 어떻게든 지켜 내는 이장 아들의 훌륭한 면면을 엿볼 수 있었다.

어제 이장에게 전화를 걸어 안부 인사를 하면서 얼마 전 아들과 만났다고 하자, 이장은 3년 전 당시 나에게 절대 사람을 믿지 말고 상황이나 돈을 믿어야 한다고 했던 것은 까맣게 잊고 돈은 잃더라도 사람은 절대 잃지 않아야 성공한다고 말해 줬다. 사람이 전적으로 타락한 존재라는 명제만 잊지 않을 수 있다면 우리는 그래도 사람을 믿는 게 돈이나 상황을 믿는 것보다 더 유익하지 않을까?

생각 연습

상황이나 돈을 뛰어 넘어 사람을 믿고 사람을 사랑하면 좋겠다.

나의 생각

....

....

....

....

59
대단한 인문학 강사

모 방송국에서 오래전 방영된 인문학 강의를 어젯밤 시청하면서, 도식화되어 있고 포장된 진실이 만연한 우리 사회의 자화상을 볼 수 있었다.

중절모자를 쓴 강사는 독립군인 자신의 할아버지가 엄청난 독립운동 자금을 지원했지만, 일본의 패망 직전 일본 은행에 대출금을 다 갚은 분이셨다면서 정의보다 정직을 더 중요시했던 할아버지를 먼저 소개했다. 그리고 자신은 후손 중 할아버지를 가장 많이 닮은 사람이라고 짧게 소개했다.

그런데 강사 소개가 끝나자마자 화면에 뜬 '제목:없음'도, 사회자가 없는 것도, 감사의 남루한 의상 컨셉까지도 혹시 이상한 방송이 아닌가라는 의심을 갖게 할 정도로 어색했다(인기 채널 확인).

시작부터 강의 분위기가 지금까지 봐 왔던 것과는 달리 이상하다고 생각한 한 방청객이 강사에게 "방송국과 강사님이 너무 준비를 안 하신 것 같다"고 발언하자 강사는 방청객의 발언을 절대 편집하지 말라고 방송국 측에 주문하면서 그 방청객이 가지고 있는 편견(방송이나 강의 관련)을 깨야 한다는 말로 강의를 시작했고, 우리는 왜 사는가? 어떻게 살아야 하는가? 그리고 거지로 살아야 한다는 결론적인 내용으로 40분 동안 열정적인 강의를 했다.

강사는 자신이 만약 강의를 위해 제목을 정하고 준비했으면 자신의 개인적인 생각을 방청객에게 주입시키는 자료를 만들었을 텐데, 제목을 정하지 않고 대화하기 위해 와서 강의 내내 소통할 수 있어 감사하다고 말하고 강의를 끝냈다. 나는 강의 40여분 내내 엄청난 수준의 철학과 사상과 시대상황을 일목요연하게 설명하는 강사에게 몰입되어 한눈도 팔지 못했고, 방청객 역시 강사의 입에서 나오는 수준 높은 지식을 주워 담느라 초긴장하고 있는 모습이었다.

강의가 끝날 때쯤 한 방청객이 강사에게 질문을 해도 되냐고 묻자 강사는 이제부터 답은 본인이 찾는 게 좋다고 말하면서, 남은 질문 시간은 방송국에 광고시간으로 양보하겠다고 말하고 퇴장해 버렸다(공익광고 대체).

나는 인문학 강의 방송이 끝난 후 한참 동안 생각해 봤다. 우리 사회가 너무 도식화되어 우리의 순수함을 빼앗아 갔고, 진실을 그대로 말하기보다는 포장해서 자신의 유익을 위해 사용했기에 사회가 제대로 나아가지 못 하고 헤매고 있다는 생각을 했다.

왜 독립군 후손인 대단한 인문학 강사는 훌륭한 스펙(박사, 교수)과 지식과 장점들을 가졌지만, 그것을 다 내려놓고 거지같이 살고 있을까? 아마도 누군가를 가르치는 강사로서 강의에만 목숨을 걸었기 때문일 것이다.

생각 연습

강사는 강의에, 목사는 설교에, 판사는 판결에 충실해야지 상황이나 주변 분위기에 휩쓸려서는 안 된다는 생각을 해 본다.

나의 생각

....

....

....

....

60
예정론과 자식

예정론(豫定論)은 구원에 관한 것으로 사람이 태어나기 전부터 구원 여부가 미리 정해졌다는 원리로, 넓게는 사람에게 일어나는 일들이 미리 정해져 있다는 원리다. 예정의 대상이 구원이건 사건이건 예정론에서의 대전제는 '사람은 이 땅에 태어나기 전부터 이미 존재했다'는 것이다.

우리는 '자식은 두 남녀가 만나 사랑을 하고 그 사랑의 열매로 하나님이 허락하신 선물'로 알고 있다. 그런데 예정론에 의하면 자식은 부모가 만나기 전부터 존재했던 생명이라는 것이다.

이제 우리는 '사람은 태어나기 전부터 존재했고, 그 사람을 세상에 태어나게 하기 위해 하나님이 두 남녀를 배필로 만나게 했다'고 재인식해야 할 필요가 있다. 생명이 만남보다 우선이라는 원리에 의하면 부부는 자식을 태어나게 하기 위해 만난 존재일 뿐이며, 이는 조상들도 그랬고 후손들도 그럴 것이다.

자식은 부모의 소유가 아니며, 부모는 자식이 세상으로 나오는 통로일 뿐이고 그리고 일정 기간 양육해야 할 관계성에서의 존재일 뿐이다. 생명이 예정되었다면, 부부의 만남 역시 생명 예정의 완성을 위해 예정된 것이라 할 수 있다.

지난 수천만 년 동안 예정된 엄청난 만남과 양육이 조상들을 통해 이어오면서 태어난 현대를 살아가는 우리들이 얼마나 위대한지를 간과해서는 안 된다. 어찌 보면 지금 대한민국을 활보하고 걸어 다니는 모든 사람들이야말로 대한민국 5천년 역사 동안 지속적으로 진화된 KOREA DNA를 가지고 있는 대한민국 최고의 문화유산이 아닐 수 없다.

부모가 있어 자식이 태어난 게 아니고, 자식이 있어 부모의 필연적인 만남이 이루어질 수밖에 없었다고 생각된다.

생각 연습

이 글은 신학적인 논쟁으로 접근하지 말고 의미로만 받아들이길 바란다. 자식과 부모 관계를 다시 한 번 생각해 보면 어떨까?

나의 생각

....

....

....

....

61
이해충돌

이해충돌은 이해관계의 충돌로 어떤 이익을 보기 위해 다른 행동 동기를 변질시킬 수 있는 복합적인 이해 상황에서 발생하는 충돌을 말한다.

특히 이해충돌은 공직자의 업무가 사익(私益)을 추구한 것인지 아니면 공익(公益)을 추구한 것인지에 대한 문제에 직면할 때 가장 큰 이슈가 된다.

최근에는 목포 부동산 투기 의혹에 휩싸인 무소속 손혜원 의원에 이어 송언석, 장제원 한국당 의원도 의정활동을 통한 사적이익 추구 의혹이 불거지면서 이해충돌 논란이 정치권 전반으로 번지고 있는 형국이다.

원래 김영란법은 그 원안이 부정청탁 금지, 금품수수 금지, 이해충돌 방지 세 가지가 주요 내용이었지만 이해충돌의 경우 그 범위가 너무 포괄적이라는 이유로 원안에서 빠지게 되었다. 만약 김영란법에 이해충돌 방지 법안이 있었다면 요즘 이해충돌로 논란이 되고 있는 의원들의 법적 판단이 쉬웠을 것이다.

그러나 현실적으로 공직자 윤리법 등 여러 가지 법적인 부분들을 빗대어 보아도 이해충돌 관련 의원들의 행동이 의심받을 만한 면은 있지만 명백한 사익추구라고 보기는 어렵기 때문에 법적인 잣대를 들이대기는 힘들어 보인다. 정치권 안팎에서 의원들 사이에 이해충돌 문제를 정쟁이 아닌 법 개정

등으로 풀어내야 한다는 목소리가 나오고 있는 이유다.

윤리적인 측면에서도 이해충돌은 이익과 이익의 갈등으로 나타나는데, 수익사업을 내 지역으로 유치하겠다는 핌피(PIMFY) 현상이나, 혐오시설을 내 지역에 유치하지 않겠다는 님비(NIMBY) 현상과 같은 집단 이기주의에서 한 집단에게 이득이 되는 일이 때로는 다른 집단에게 경제적인 손실을 초래하게 된다.

개인적으로도 매 순간 영적인 이익과 육적인 이익이 갈등을 거듭하는데, 이 역시 이해충돌로 받아들이며 지혜롭게 헤쳐나가야 한다.

법적으로나 윤리적으로나 개인적으로나 이해충돌을 해결하는 것이 우리가 풀어야 할 숙제다.

생각 연습

핌피 현상이나 님비 현상은 둘 다 지역이기주의 현상이다. 이익이 있는 곳에는 항상 이해충돌이 숨어 있다는 사실을 되새겨 보는 하루가 되기 바란다.

나의 생각

62
결과가 원인이다

우리는 '등산객이 무심코 버린 담배꽁초가 거대한 산 전체를 태웠다'는 사건에서 '등산객이 무심코 버린 담배꽁초'라는 원인이 '거대한 산 전체를 태웠다'는 결과를 만들었다고 이해한다.

우리 사회에서 일어나는 모든 일들은 원인과 결과라는 인과관계 속에 존재할 수밖에 없는 구조를 가지고 있다. 그래서 사람들은 원인과 결과를 구분하여, 원인에서는 취지와 목적을 찾고 결과에서는 완성도에 따라 만족을 느끼며 행복해 한다.

하나의 단순한 사건으로만 보면 위 사건에서 '거대한 산 전체가 탄 것'이 결과로 끝나고 말지만, 삼라만상 전체의 시간과 공간 속의 연속성 차원에서는 위 사건뿐만 아니라 어떤 일이나 사건의 결과라 할지라도 그 결과는 또 다시 새로운 원인이 될 수밖에 없다.

등산객이 무심코 버린 담배꽁초가 거대한 산 전체를 태우고, 산 전체가 타서 나무들이 다 죽고, 나무들이 다 죽어 산사태가 나고, 산사태가 남으로 계곡이 생기고, 계곡이 생겨 사람들이 모이고 등등.

담배꽁초 사건의 연속성에서 우리는 삶 속의 결과가 결과로 끝나는 것은 하나도 없고, 결과는 새로운 원인을 제공하고 새로운 원인 역시 또 하나의 결과를 제공하고 있다는 원리를 쉽게 알 수 있다. 원인은 본질적인 요소를 품고, 결과는 현상적인 요소를 품고 있다는 가설이 비논리적이라는 생각이 든다.

우리 주변에서 일어나는 일들이 현재 원인의 위치에 있는지 아니면 과정이나 결과의 위치에 있는지를 잘 살펴봐야 할 것 같다. 만약 결과로 다가오는 일들이 있다면, 결과에 좌절하거나 안주하지 말고 그 결과가 어떤 원인이 되어 내 삶을 어떻게 변화시킬 것인지에 대한 고민도 해야 한다.

성공한 사람 대부분은 결과에 좌절하거나 만족하지 않고 그 결과를 기반으로 새로운 도전을 하여 좋은 결과를 잘 만들어 내는 사람들일 것이다. 삶 전체의 인과관계에서 '결과가 원인이다'라는 점을 역설적으로 설명하지 않아도 될 것 같다.

생각 연습

좋은 결과건 나쁜 결과건 결과는 새로운 미래의 또 하나의 원인이라는 생각을 가지고, 우리 삶 속에서 생기는 결과들을 희망적으로 받아들이면 좋겠다.

나의 생각

63
안정
(stabilization)

어제 저녁 일본은 베트남과의 '2019 UAE 아시안컵' 8강전에서 전후반 동안 안정적인 공격과 수비를 하면서 후반 12분에 페널티킥을 성공시켜 1:0으로 승리했다. 박항서호의 베트남 선수들도 최선을 다해 잘 싸웠지만 후반 30분 이후 체력이 급격히 떨어지면서 골을 만회하지 못하고 4강 진입에 실패했다.

왜 베트남 선수들은 후반으로 갈수록 지치는데 일본 선수들은 지치지 않을까? 경기가 끝날 때쯤 양국 선수들의 면면을 자세히 보니, 일본 선수들은 하체가 굵고 튼튼했고, 베트남 선수들은 대체적으로 부실했음을 알 수 있었다. 불현듯 계속되는 지진 피해를 극복하기 위해 건물이나 모든 구조물 등의 기초를 튼튼히 해야 하는 일본 문화와 운동장을 누비고 있는 하체가 튼튼한 일본 선수들이 클로즈업됐다.

오늘 아침 출근길에 우리가 사는 건물이나 시설물들의 공간과 구조와 시스템을 자세히 관찰해 보니, 왠지 불안정하다는 느낌이 들었다. 수학에서 분수는 분모가 분자보다 큰 진분수와 분모가 분자와 같거나 작은 가분수와 그리고 가분수를 자연수와 진분수로 표현한 대분수가 있다.

그런데 수학에서 풀이 과정을 거쳐 해답을 쓸 때 가분수를 그대로 쓰면

오답으로 인정되니 반드시 가분수를 대분수로 고쳐 써야 한다(지금은 몰라도 1970년대는 그랬다).

우리 사회 속에 만연한 불안정한 가분수가 일본의 지진 영상과 함께 스쳐 갔다. 본질보다 큰 현상들, 능력보다 큰 희망들, 실체보다 큰 포장들, 대중보다 큰 소수들, 수입보다 큰 지출들, 기초보다 큰 구조물들 등등이 스쳤다.

사회 모든 환경이 진분수로 안정적이면 좋겠지만, 어차피 현재가 가분수라면 하루라도 빨리 대분수로 바꿔서 자연수와 진분수로 만들어야 할 것이다(자연수는 어차피 우리 사회가 짊어지고 가야 할 빚이기도 하지만).

오늘 저녁에는 한국 축구가 카타르와 8강전을 치른다. 기초가 튼튼한 한국 선수들이라 안심은 되지만, 괜히 불안정한 한국의 정치와 경제가 걱정이 되는 아침이다.

생각 연습

이념이나 정당에 상관없이, 분모격인 보수의 가치가 분자격인 진보의 가치에 비해 더 약해서는 안 된다고 생각해 본다.

나의 생각

64
테라(tera), 피코(pico) 시대

메가(mega) 인터넷, 기가(giga) 인터넷 시대라고 하던 때가 바로 엊그제 같은데, 벌써 10기가 시대가 열렸다.

메가 인터넷은 1초마다 데이터 100만 비트(Bit)를, 기가 인터넷은 1초마다 데이터 10억 비트를 전송하는 인터넷을 말한다. 메가 인터넷 시대의 100메가 인터넷 속도를 1로 보았을 때 기가는 10배, 10기가는 100배 속도로 빨라진다. 초고화질 영화를 다운받을 때 100메가 인터넷으로는 45분, 기가 인터넷으로는 4분30초가 소요되지만 10기가 인터넷으로는 30초면 충분하다고 한다.

메가나 기가는 국제단위계(international system of units;약칭 SI)에서 단위의 크기를 쉽게 나타내기 위해 각 단위의 앞에 붙여 쓰는 접두어다.

SI 접두어는 1,000의 배수로 표현하며, 킬로(kilo, k)는 천(10의 3제곱)을, 메가(mega, M)는 100만(10의 6제곱)을, 기가(giga, G)는 10억(10의 9제곱)을 상징한다.

킬로, 메가, 기가의 반대 개념으로 주로 과학이나 의학에서 사용하는 밀리(milli, m)는 1천분의 1을, 마이크로(micro, u)는 100만분의 1을, 나노(nano, n)는 10억분의 1을 의미한다.

국제단위계의 접두어로 본 인류의 발달은 그 규모가 킬로(kilo)에서 메가

(mega)로 그리고 기가(giga)로 거대해지고 있으며, 동시에 밀리(milli)에서 마이크로(micro)로 그리고 나노(nano)로 세밀해지고 있음을 알 수 있다.

규모가 10배 100배도 아닌 1,000배로 커지고, 1/10배 1/100배도 아닌 1/1,000배로 세밀해지고 있다는 것은 그 속도가 무척 빠르다는 뜻이며 앞으로 곧 기가와 나노 시대를 뛰어 넘는 시대가 예상된다는 의미다.

기가의 1,000배인 테라(tera, T)는 1조(10의 12제곱)이고, 나노의 1,000분의 1인 피코(pico, p)는 1조분의 1인데, 머지않아 테라와 피코 시대가 도래할 것 같다. 1조와 1조분의 1 시대 말이다.

생각 연습

1조 시대에는 지구가 하나의 공동체라는 사실을 실감한다. 그리고 메가, 기가, 테라/마이크로, 나노 피코에 대해서도 정확히 아는 기회가 되면 좋겠다. 오늘도 10기가 스피드와 함께 힘차게!

나의 생각

....

....

....

....

65
징계와 연단

우리 삶 속에서 우리를 힘들게 하는 고통이 찾아올 때, 우리는 그 고통을 원망하기도 하고 그 고통에서 벗어나기 위해 노력도 하고 잔꾀를 부려 보기도 한다.

우리에게 찾아오는 고통은 대부분 징계와 연단으로 나타나지만, 징계가 계속되면 정죄로 이어진다. 우리에게 고통이 찾아오면 그 고통이 잘못이나 범죄로 인한 징계인지, 아니면 미래의 목표달성을 위한 연단인지를 잘 점검해 봐야 한다.

만약 자신의 잘못으로 인한 징계라면 그 잘못을 놓고 반성하며 더 이상 같은 죄를 짓지 않겠다고 결단해야 하고, 아무 잘못도 없지만 더 큰 비전을 위해 우리에게 주어진 연단이라면 그 고통의 뜻을 헤아리며 참고 인내로 이겨 내야 한다. 어찌 보면 징계와 연단을 잘 통과한 자만이 성공적인 삶을 살 수 있기 때문이다.

성인의 경우 명예와 권력 그리고 금욕으로 인해 저지른 죄들이 많기 때문에 연단보다는 징계로 인한 현재의 고통이 더 많은 반면 청소년은 대부분 미래의 비전을 위한 연단으로 볼 수 있다.

기업에도 항상 고통이 따르기 마련인데 만약 기업이 큰 잘못을 저지르고

당하는 고통이라면 징계나 처벌로 볼 수 있지만, 기업의 미래를 위해 노력하면서 발생하는 고통이라면 징계가 아닌 연단으로 봐야 한다. 여기서 중요한 것은 징계의 상황을 연단으로 보거나 연단의 상황을 징계로 보는 우를 범치 않아야 한다는 것이다.

우리 사회에도 잘못된 관행과 습관이 만들어 낸 사회적 고통과 행복한 사회를 만들어 가기 위한 정치적 문화적 고통이 동시에 존재하고 있다. 이 역시 징계와 연단의 고통으로 받아들여야 하며, 잘못된 관행이나 습관은 고쳐 나가고 미래를 위한 고통은 인내심으로 참고 극복해야 한다.

지금 우리 주변에 고통이 있다면, 그 고통의 원인이 어디에 있는지 곰곰이 생각해 볼 일이다.

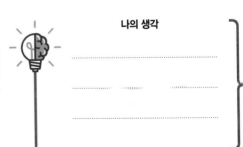

생각 연습

우리 사회가 정죄까지 가기 전에 징계와 연단에서 오는 고통을 잘 이겨 내어 깨끗하고 미래가 있는 사회로 나이기면 좋겠다.

나의 생각

66
UN보다 큰 미국

UN은 1945년 제2차 세계대전의 승전국들이 중심이 되어 세계의 평화와 안전을 위해 발족된 기구로 초기에는 미국 영국 소련(러시아) 3국에 의해 주도되었다. 그 후 프랑스와 중국이 소련(구)과 러시아(신)의 견제세력으로서 가치를 인정받아 미국과 영국의 도움으로 UN 안보리 상임이사국으로 진입할 수 있었다.

그러나 독일과 일본은 경제 강대국인데도 세계대전을 일으킨 국가이기에 수많은 노력에도 불구하고 안보리 상임이사국에 들지 못하고 있다. UN 안보리는 국제평화와 안전을 유지하고 국제분쟁을 해결하기 위해 무역 또는 금융제재, 군사적 제재 등 각종 결의를 채택할 수 있는 UN에서 가장 강력한 기구로, 최근 북한에 제재를 가하고 있는 중이다.

그런데 북한이 UN의 대북제재에도 불구하고 핵실험을 거듭하면서 미사일을 쏘아대다가 미국의 강력한 대북경제제재 앞에서는 손을 들고 북미회담을 통해 돌파구를 찾기 위해 노력하고 있는 형국이다. 현재 대북제재는 UN 주도하에 UN 회원국들이 참여하는 게 아니고 미국 주도하에 미국과 경제교류를 하는 국가들이 적극적으로 동참하고 있다.

이런 연유로 일각에서는 UN 무용론까지 제기되고 있기도 하다. 미국은 달러 패권과 함께 경제력(전 세계 매출의 1/3), 군사력(전 세계 국방비의 1/2)의 우위를 이용해 UN보다 훨씬 큰 영향력을 전 세계에 행사하고 있다. 북한의 김정은이 UN 사무총장을 만나서 북핵문제나 대북제재 문제를 풀려 하지 않고 미국의 트럼프를 만나 해결하려고 하는 것만 봐도 UN의 위상이 얼마나 떨어졌는지 알 수 있다.

현재 UN 대북제재와 미국 대북제재는 동시에 진행되고 있지만, 전 세계가 미국 대북제재에 더 관심을 갖고 있는 이유가 UN보다 더 큰 미국을 증명해 주고 있다.

생각 연습

미국보다 더 큰 UN의 힘이 있어야 국제사회가 진정한 평화와 안정을 꾀할 수 있으리라 생각된다.

나의 생각

67
Super Wednesday

대한민국 주요 공직선거는 수요일(Wednesday)에 치른다. 2004년 공직선거법 개정에 의하면, 대통령 선거일은 임기 만료일 전 70일(국회의원 50일, 지자체 30일) 이후 첫 번째 수요일로 규정되어 있다.

개정 전에는 목요일에 선거가 치러졌는데, 2004년부터 주5일제가 시행되면서 한 주의 Working Day 중간인 수요일에 선거를 치러야 선거 효과가 크기 때문에 수요일로 개정된 것 같다. 결국 대한민국을 대표하는 대통령을 비롯해 국회의원과 지자체장이나 지방의원은 주5일제 환경에서 한 주의 Working Day 중심인 수요일에 탄생된다.

미국 주요 선거는 대개 화요일에 실시한다. 마차를 타고 다니던 시절, 투표장에 가려면 하루 이상이 걸려 일요일을 피해 그다음 날인 월요일에 출발해도 화요일이 돼야 투표장에까지 갈 수 있었기 때문이라 한다.

미국 대통령 선거에서 코커스(당원대회) 또는 프라이머리(예비선거)를 가장 많이 실시하는 화요일을 '슈퍼화요일(Super Tuesday)'이라고 한다. 이날에 민주당과 공화당의 많은 주들이 코커스와 프라이머리를 통해 전당대회 대의원을 선출하고 이날의 선거 결과에 따라 민주당과 공화당의 대통령 후보가 사실상 결정되기 때문이다.

선거는 민주주의의 꽃이기에 민주주의 국가의 선거일은 새 세상이 열리는 최고의 날이 아닐 수 없다. 대한민국은 Super Wednesday 나라고 미국은 Super Tuesday 나라다. 미국의 선거일인 화요일이나 영국의 선거일인 목요일보다 주5일제에 더 잘 어울리는 한국의 Super Wednesday다.

생각 연습

천지창조 넷째 날인 수요일에 창조된 해와 달과 별이, 수요일에 탄생되는 대한민국 지도자들에게 큰 교훈이 되면 좋겠다.

나의 생각

....

....

....

....

68
선악의 기원

하나님은 천지창조 첫째 날 빛을 만들고, 그 빛을 어둠과 구분하여 빛을 낮이라 부르고 어둠을 밤이라 칭했다. 천지창조 넷째 날에는, 해, 달, 별을 만들어 항성과 행성으로서 빛을 발하게 하여 빛과 어둠을 천지창조 질서 속에 넣어 두었다.

우리는 흔히 빛과 어둠을 상반된 의미로 둘 다 실제 존재하는 것으로 인식하고 있는데, 이는 잘못된 생각이다. 빛은 하나님이 만드신 실제 존재하는 것으로 해, 달, 별이나 광원 등을 통해서 존재하지만, 어둠은 하나님이 만드신 적도 없고 실체도 존재하지 않는다. 어둠은 빛의 영향권에서 벗어난 것을 의미하는 것으로 빛의 반대 개념일 뿐이다.

선과 악도 빛과 어둠의 개념으로 생각해 볼 필요가 있다. 하나님은 전적으로 선하신 존재이기에 악은 하나님 속성의 반대 개념일 뿐이다.

에덴동산에서 선악과를 따 먹지 말라는 하나님의 명령을 어긴 아담으로 인해 이 세상에 악이 들어오게 되었고, 그리고 타락한 천사로 인해 영적 세계의 악이 우리에게 이어지고 있음을 선하신 하나님의 방치로 여기면 안 된다. 하나님은 이 세상에 선과 악을 창조해 놓고 선과 악이 싸우는 것을 구경하는 구경꾼이 아니다.

전쟁이나 기근이나 세월호 사건 같은 큰 재앙들은 선하신 하나님의 명령을 거역한 사람에게 그 기원이 있음을 우리는 명심해야 한다. 우리에게 일어나는 재앙들을 우리가 하나님의 전지전능함을 핑계 삼아 재앙에서 건져달라고 하는 것은 사람의 욕심이 아닐 수 없다.

악이라고는 하나도 없는 전적으로 선하신 하나님의 명령에 따르는 것이 우리가 악에서 벗어나는 길일 것이다. 선의 기원은 하나님께 있고, 악의 기원은 사람에게 있다.

생각 연습

어둠이 빛을 물리치는 게 아니라 빛이 어둠을 물리치듯, 선이 악을 제압한다는 이치를 생각해 본다. '선악의 기원'이라는 제목을 신학적인 접근이 아닌 의미론적 접근으로 이해해 주기 바란다.

나의 생각

69
하여, 여하
(何如) (如何)

하여(何如)와 여하(如何)는 글자가 앞뒤로 바뀌었듯이 그 뜻 역시 서로 반대의 방향성을 가지고 있다.

하여(何如)는 "어떠냐?"라는 뜻으로 질문자가 상대에게 자신의 의견을 물어보면서 질문자가 원하는 답을 요구하는 선포로서의 함의가 있어 대화의 핵심이 질문자에게 있지만, 여하(如何)는 "어떻게 생각하느냐?"라는 뜻으로 질문자가 의견을 선포하지 않고 상대의 생각을 물어보는 의미로, 상대의 의견을 존중한다는 배려가 함축되어 있어 답을 하는 자가 대화의 중심에 있다.

초한지 '시기'의 항우와 유방의 리더십을 살펴보면, 항우는 개인적으로 대단한 사람으로 능력이 뛰어났지만 부하들 얘기는 듣지 않고 독단적인 하여(何如)정책을 펼쳤다. 그에 반해 유방은 능력보다는 부하들과 소통할 줄 알고 듣는 귀를 항상 열어 두어, 실제 전쟁에 있어 실수를 하고 직언을 한 부하에게는 상을 내려 직언을 할 수 있는 분위기를 만들어 주었다.

그 결과 여하(如何)정책을 사용한 유방이 하여(何如)정책을 쓴 항우에게 대승할 수 있었다.

하여(何如)정책은 아니지만 하여(何如)정신으로 고려 말에 이방원은 조선의 개국공신으로 역성혁명을 반대하였던 정몽주를 설득시키기 위해 하여가

〈何如歌〉를 써서 보냈다. 그러나 하여가(何如歌)는 정몽주의 의견을 묻기보다는 이방원 스스로 정한 답, 즉 "조선을 세우는 데 내 뜻을 따르라"는 식의 선포였고, 결국 정몽주는 단심가(丹心歌)로 답을 하며 조선 건국을 반대하다 죽임을 당했다.

만약 이방원이 하여가(何如歌)를 쓰지 않고 여하가(如何歌)를 써서 정몽주에게 보냈다면, 정몽주의 뜻이 받아들여지고 정몽주가 이방원을 도와 조선건국에 앞장설 수 있지 않았을까 하는 생각을 해 본다. 지금도 우리 사회 곳곳에서는 많은 질문과 답을 해야 하는 소통의 장이 계속되고 있다.

하여(何如), "어떠냐?"가 아닌, 여하(如何), "어떻게 생각하느냐?" 방식의 소통이 이루어져 배려와 화합으로 하나가 되는 대한민국으로 나아가야 할 것이다.

생각 연습

무엇보다 상하관계에서의 여하(如何)는 상사가 가져야 할 첫 번째 덕목이 되지 않을까?

나의 생각

....

....

....

....

70
율법

이스라엘 어머니는 자녀가 학교에 갈 때, 선생님 말씀을 잘 듣고 오라고 하는 한국 어머니와 달리 선생님에게 궁금한 것을 꼭 질문하고 오라고 한다. 이유는 질문과 대화를 통해서 법(율법)을 제대로 알고 그 율법을 통해서 자신의 잘못된 점을 깨우치기 위함이다.

성경에 우리가 도저히 지킬 수 없는 율법을 준 것도 지키지 못하면 정죄하겠다는 뜻을 넘어 율법을 통해 자기 죄를 깨닫고 올바르게 살아가라는 의미로 받아들여야 한다.

지금 대한민국의 법은 어떤가? 아무리 생각해 봐도 깨우치기 위한 법이기보다는 정죄하기 위한 법이 아닐 수 없다.

신과의 약속으로 양심이나 비가시적인 부분까지 포함되어 지킬 수 없는 이스라엘의 율법에 비해, 현대 국가들의 법은 인본주의 차원에서 합리적이고 이성적인 법으로 충분히 지킬 수 있기에 정죄 위주의 법이라는 데는 이해가 된다. 그러나 지킬 수 있는 현대 법이라 할지라도 법이 죄를 깨우치게 하는 기능을 간과해서는 안 된다.

법을 어기기 전에는 법을 잘 홍보하여 지키게 해야 하고, 불법으로 정죄를 했다면 교화 등의 방법을 통해서 스스로 죄를 깨닫게 하는 데 주력해야 한다.

오늘도 전국의 법정에서는 수많은 재판과 선고가 진행될 텐데 정죄하는 법정을 뛰어 넘어 깨우침을 주는 법정이 되면 좋겠다. 율법은 정죄 위주의 법과 달리 지키지 못하면 깨닫게 하는 기능과 함께 지키면 축복을 받는 기능도 갖고 있다.

이스라엘이 강대국이 되고 세계를 움직이는 인재가 많은 이유는 아마도 깨닫게도 하고 축복받게도 하는 율법의 기본 원리 때문이 아닐까 생각해 본다.

생각 연습

대인관계에서도 마찬가지로, 잘못한 자를 정죄하기보다는 잘못을 깨닫게 하는 지혜와 잘한 자를 축복하는 이량이 필요한 것 같다.

나의 생각

....

....

....

....

71
목이구비
(目耳口鼻)

사람의 얼굴은 소리를 듣는 귀(耳)와 사물을 보는 눈(目)과, 음식을 섭취하고 말을 하는 입(口)과 숨을 쉬는 코(鼻)로 구성되어 있다. 이 이목구비(耳目口鼻)는 얼굴에 난 홀(hole)로 삼라만상과 소통하는 창구역할을 하면서 각자가 뇌와 유기적인 협력을 통해 사람을 건강하고 지혜롭게 만들어 주는 중요한 역할을 한다.

이목구비(귀눈입코)는 얼굴에서 늙어 가는 순서에 따라 정해졌다고 한다. 이목구비 순서에 의하면 사람은 건강하게 살다가 나이 들면서 처음에는 귀가 잘 안 들리고, 다음엔 눈이 잘 안 보이다가 말하기 싫거나 입맛이 없어지고 결국 숨 쉬기조차 힘들어지면서 죽음을 맞이하게 된다는 것이다.

빨리 늙는다는 것은 많이 사용된다는 의미로도 생각되어, 이목구비는 사람이 살면서 많이 사용하는 순서라고도 할 수 있다. 2,000년 전 기록된 성경에서도 믿음은 들음에서 난다고 했고, 인쇄술이 발달하기 전까지 인류의 지식습득 방법도 귀를 통해 듣는 것이었음을 생각해 볼 때, 고대사회에서는 귀가 가장 많이 사용되었고 빨리 늙었을 것이라는 추측이 설득력을 갖는다.

그러나 인쇄술이 발달하면서 눈으로 지식을 습득하기 시작하면서부터 눈의 활용도가 귀를 앞질렀고, 그 후로 라디오 테이프 등 오디오가 등장하면서 다시 인류의 귀가 눈을 앞질러 사용되었음을 알 수 있다.

그러나 TV의 등장 이후 인터넷이 발달하면서 지금까지 인류는 다시 눈의 활용도를 높였고, 그래서 얼굴 부위 중 눈이 가장 피곤한 현대인의 삶을 살고 있다.

시대가 변하고 그에 따라 얼굴 부위의 활용도도 달라졌으니 이제 이목구비를 목이구비로 바꿔야 하지 않을까? 사람 사는 곳이면 온통 안경점과 안과가 널려 있는 것만 봐도 현대인의 눈의 피로가 얼마나 심한지를 알 수 있다.

한편으로는 남의 말을 듣기만 해서는 믿지 못하고, 눈으로 직접 확인해야 믿어지는 현대인의 믿음의 방법이 순서를 바꿔 놓지 않았나 하는 생각도 해 본다. 이목구비(耳目口鼻)를 목이구비(目耳口鼻)로 바꿔야 할 것 같다.

생각 연습

신체 전체가 1,000원이면 눈이 900원일 정도로 눈이 가장 중요하다. 눈이 가장 먼저 늙는다고 하니 눈을 잘 관리해서 건강한 눈을 유지하길 바란다.

나의 생각

72
100세 인생논문

평균수명대별로 인생논문 구성의 서론:본론:결론을 정리해 봤다.

1. 60세 인생 – 15년:35년:10년 (1970년대)

2. 70세 인생 – 20년:35년:15년 (1990년대)

3. 80세 인생 – 25년:35년:20년 (2000년대)

4. 90세 인생 – 30년:35년:25년 (2010년대)

5. 100세 인생 – 35년:35년:30년 (2020년대)

　　1970년대 60세 인생에서는 15세에 결혼하고 35년 동안 열심히 일하고 50세부터 10년쯤 노인으로 살다가 죽음을 맞이하고, 1990년대 70세 인생에서는 20세까지 공부하고 사회로 나가 35년 동안 일하고 15년을 노인으로 살다가 죽음을 맞이하고, 2000년대 80세 인생에서는 25세까지 공부를 마치고 경제활동에 35년 동안 참여하고 20년을 노인으로 살다가 죽음을 맞이하고, 2010년대 90세 인생에서는 30세까지 공부하고 사회로 진출하여 35년 동안 일하고 25년을 노인으로 살다가 죽음을 맞이하고, 2020년대 100세 인생에서는 35세까지 공부하며 서론을 쓰고, 70세까지는 일하면서 본론을 쓰고,

70세 이상은 노인으로 살면서 결론을 쓰고 있음을 알 수 있다.

최근 50년 동안 한국인의 평균수명이 60세에서 100세로 늘어났으니, 이는 세계가 놀랄만한 수치다. '성장년수x5=동물의 최대 가능 수명' 공식에 사람을 적용하면 25x5=125로, 현재 평균수명 100세는 사람의 최대 가능 수명 125세에 80%까지 도달한 셈이다.

그러나 평균수명이 10년씩 늘어나도, 인생논문의 본론인 경제활동 기간은 35년 그대로이고, 인생논문의 서론인 교육 기간과 결론인 노후 기간만 5년씩 늘어나고 있어 안타까울 뿐이다.

평균수명이 길어질수록 청년일자리와 노인문제가 발생할 수밖에 없는 인생논문 구성이라 생각된다. 더 안타까운 점은 수명이 길어질수록 서론, 본론, 결론의 구성비가 인생논문을 망치고 있다는 것이다.

서론이 길어지면 상대적으로 본론이 짧아져 결국 결론이 길어지게 된다. 엉터리 인생논문을 쓰고 있는 우리의 현실이다. 서론과 결론을 줄이고 본론을 늘리는 것이 우리의 과제다. 30:45:25 비율이면 어떨까?

생각 연습

100세 인생논문에 적용해 보니, 34세 미만으로 아직 취직을 준비하고 있거나 결혼을 못한 청년들이 있다면 크게 걱정 안 해도 될 것 같다. 아직 서론을 쓰고 있을 뿐이니까.

나의 생각

_____

_____

_____

_____

73
좌우의 교훈
(左右)

테이블 위에 파란색 백미러와 빨간색 백미러가 그려진 오토바이 그림을 놓고 두 사람이 마주 앉아 볼 때, 그림을 정면으로 보는 사람이 파란색 백미러를 왼쪽 백미러라 하면 마주 앉은 사람은 파란색 백미러를 오른쪽 백미러라 한다.

그러나 테이블 위에 실물 오토바이를 놓고 볼 때, 마주 앉은 두 사람이 느끼는 오른쪽 백미러나 왼쪽 백미러는 동일하다.

그림은 사람의 관점에서, 실물은 실물 자체의 관점에서 보기 때문에 나타나는 두 경우다. 특별히 어떤 상황에서도 절대 변함이 없는 본질적인 문제에서는 左右 역시 다르지 않지만, 본질에 어떤 힘이 가해져 나타나는 현상적인 문제에서는 보는 시각에 따라 左右가 다를 수밖에 없다.

우리 사회는 여야, 노사, 갑을 등이 마주 앉아 하나의 이슈를 놓고 이슈 자체의 관점에서 바라보지 않고 서로 각자의 각도에서만 바라보는 경향이 많아 대치국면을 자주 맞게 된다. 이슈 자체를 그림이 아닌 실물로 인식해야 대치국면을 벗어나 해결의 실마리를 쉽게 찾을 수 있을 것이다. 서로 마주 앉은 우리 사회의 지도자들이 실물의 가치를 놓고 그림의 가치로 착각하는 잘못을 저지르지 않기 바란다.

우리 국민은 테이블 위에 실물 대신 탁상공론이나 하라고 그림을 올려놓지 않는다. 다툼이 있는 곳에서는 쌍방에게 서로 다르게 느껴지는 현상(그림)보다 동일하게 느껴지는 본질(실물)에서부터 문제 해결의 실마리를 찾게 해야 한다. 상대의 입장이 되는 것보다 본질을 파악하는 것이 더 중요하다.

생각 연습

사건, 사고가 생길 때마다 국회는 법을 고치기 위해 애를 쓰는데, 이것 또한 더 정확한 본질을 파악히고 추진해야 된다고 생각한다.

나의 생각

74
동계스포츠 배구, 농구 교훈

배구와 농구는 동계스포츠로 두 해를 걸쳐 게임이 진행된다. 그래서 배구와 농구 팬들은 한 해를 마무리하고 새해를 맞이하는 기간 중에 경기를 관람하면서 지난해를 분석하고 새해의 전략을 세우는 좋은 기회를 얻을 수 있을 것이다.

배구는 상대 코트 바닥에 공을 가격해서 많이 꽂으면 이기는 경기로, 규칙상 각 팀의 선수는 상대 코트에는 넘어갈 수 없기에 오직 자기 코트에서 모든 전략과 전술을 짜야 한다.

군대와 장비를 동원해 상대 영토를 차지하면 끝나는 단순한 영토전쟁이 일어났던 농경시대까지의 전쟁과 흡사하다. 그러나 현대의 전쟁은 국경선을 뛰어 넘어 정치, 경제, 문화, 과학 등 모든 면에서 경쟁과 함께 벌어지는 각축전을 의미한다. 상대 진영까지 마음대로 오가며 올라운드 플레이를 펼치고 상대의 작은 바스켓에 공을 많이 넣어야 승리하는 농구 경기가 현대의 전쟁과 어울릴 것 같다.

배구는 상대 코트 바닥에 타격을 해야 하지만 농구는 상대 핵심부인 바스켓에 공을 넣어야 한다. 배구는 네트라는 높은 장벽이 있지만 농구는 라인 외에는 장벽이 없다.

지금 한반도에서는 전 세계 관중이 지켜보고 있는 가운데 남한과 북한이 배구 경기와 농구 경기 같은 게임을 하고 있다. 군대는 배구 경기에 열중인데 정부와 많은 단체들은 농구 경기를 즐기고 있는 것 같다. 아쉬운 점은 남한은 미국 감독의 지휘를 받고 있고, 북한은 규칙을 어기면서까지 승리를 꾀하려 한다는 점이다.

아이러니하게도 보수정권 때는 진보 스타일의 프로농구가, 진보정권 때는 보수 스타일의 프로배구가 붐을 일으키고 있는 이유는 뭘까? 동계스포츠인 프로농구와 배구 경기를 관람하면서 정부는 농구 감독뿐만 아니라 배구 감독의 전략과 전술도 눈여겨볼 일이다.

생각 연습

최근 우리 국민들은 보수 스타일의 배구와 진보 스타일의 농구 중 어느 게임을 더 좋아하는지 모르지만 열기만은 뜨거운 것 같다.

나의 생각

_____

_____

_____

_____

75
시작이 목적이다

병원에서 질병을 진단받고 치료할 때, 질병 발견이 목적인 사람은 질병을 발견하는 순간 목적이 달성되었으므로 치료 과정이 목적을 달성한 자답게 기쁨이 되지만, 질병이 없는 게 목적인 사람은 질병이 발견되는 순간 목적이 달성되지 않았으므로 치료 과정 내내 목적 달성을 위해 오랜 시간 동안 고통의 치료 과정을 겪어야 한다.

모든 일에는 시작과 과정과 끝이 있으며, 시작과 끝은 짧고 임팩트가 강하지만 과정은 길고 수고와 인내가 필요하다. 대부분 사람들은 목적이 끝에 있기에 기나긴 과정 속에서 목적을 달성하기 위해 애쓰며 살아간다. 그러나 시작이 목적인 사람은 이미 목적이 달성된 자로 행복한 과정을 누리며 살아갈 것이다.

2,000년 전 예수의 탄생은 성육신(Incarnation)으로 인류구원을 위해 이 땅에 온 게 하나의 목적이었기에, 탄생과 함께 이미 목적을 달성한 성자로서의 사역의 시작이었다. 사람도 목적에 의해 태어난 존재로 태어난 순간 이미 목적을 달성했기에 인생을 기쁨으로 살아갈 자격이 있다.

사람은 하나의 정자가 수억 대 1의 엄청난 경쟁을 뚫고 수정됨으로 태어난, 이미 목적을 달성한 성공자가 확실하다. 그래서 태어난 순간이 축복(목적

달성)의 시작이며, 그 이후에는 축복에 걸맞은 자가 되기 위해 연단받을 뿐이고, 그 연단을 통과한 후에는 축복의 완성을 이룰 뿐이다.

동물이나 식물이나 미물이 아닌 만물의 영장인 사람으로 태어난 우리는 이미 위대한 목적을 달성했다. 우리가 하고 있는 일, 그리고 계획하고 있는 일이 모두 이미 목적이 달성된 것들이어야 목적이 이끄는 우리의 삶이 된다. 지금도 달성되지 못한 목적을 위해 뛰고 있다면, 목적의 하수인이 아닌지 고민해 볼 일이다. 시작이 목적이다.

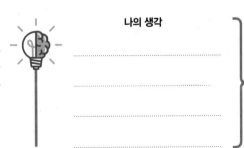

생각 연습

목적을 이해한 삶과 그렇지 못한 삶은 삶의 질이 다르다. 이미 목적을 달성한 자답게 기쁨으로 살아가기 바란다.

나의 생각

....

....

....

....

76

슈퍼 그리드
(Super Grid)

정부가 친환경에너지정책의 일환으로 탈원전(脫原戰), 탈화력을 내세우며 원자력발전소와 화력발전소를 포기하고 신재생에너지로의 전환을 꾀하면서, 국내 전력이 부족해지자 전기를 수입해야 한다는 주장이 나오고 있다.

탈원전을 시도할 당시 정부는 신재생에너지와 전기절약정책을 통해 충분히 전력을 보충하고 유지할 수 있다고 했는데, 2년도 안 돼서 한국전력과 전력 전문가들을 통해 중국과 러시아에서 전기를 수입하는 슈퍼그리드(Super Grid, 광역 전력망) 프로젝트가 언급되고 있는 현실이다.

물론 전기차가 친환경 교통수단으로 각광을 받는 등 세계의 모든 산업의 전기 소비량이 늘어나는 상황에서 대륙 간, 국가 간 전력공급체계인 슈퍼그리드 프로젝트를 추진하는 것이 잘못됐다는 얘기는 아니다.

한국전력 보고서에 의하면 '동북아 슈퍼그리드'는 한국이 중국과 러시아에서 전력을 수입하고 일본에 수출하는 형태로 안정적인 전력공급과 온실가스 감축에도 도움이 되며, 수입 규모는 우리나라 전체 전력사용량의 2% 정도라 한다.

최근 10년 사이 미국, 독일, 일본, 영국, 프랑스, 덴마크, 네덜란드 등 주요 선진국의 산업용 전기 사용량이 줄었지만, 한국은 41% 늘었다는 통계가 있다. 그렇다고 선진국의 산업은 후퇴하고 한국의 산업만 40%대로 성장하지 않았음을 볼 때, 한국의 에너지 다소비형 산업구조가 문제라는 것을 알 수 있다.

얼마 전 한국당의 J의원은 슈퍼그리드가 탈원전으로 인해 부족한 전력을 메꾸기 위한 방편으로 결국은 전력 속국이 될 것이라고 지적했고, 여당의 H 의원은 금융통화 안정을 위해 중국과 일본과 통화 스와프(Currency swaps)를 체결하는 것과 같은 맥락으로 보면 된다고 주장했다.

두 의원의 주장이 다 맞는 말이다. 그런데 아무래도 현 정부의 '동북아 슈퍼그리드' 프로젝트가 통일을 염두에 두고, 통일 이후 북한의 산업발전을 꾀하기 위해 북한에 안정적인 전력을 공급하는 차원에서 추진되고 있다는 생각이 든다. '동북아 슈퍼그리드'가 실현된다면 북한을 거쳐야 하는 전력망 특성상 북한의 전력문제는 해결되기 때문이다.

미국의 북한 제재와 관련해서 미국의 불신을 피하기 위해 정부가 북방정책이라는 이름 아래 추진하고 있다는 생각도 든다.

생각 연습

북방정책은 남방정책과 달리 통일 한반도를 염두에 둔 정책이 아닐까? 그리고 슈퍼그리드에 앞서 에너지 다소비형 산업적폐를 어떻게 청산할 것인지를 더 진지하게 고민하는 정부가 되면 좋겠다.

나의 생각

77
길목현상

얼마 전 목포에 다녀왔다. 주말이라 고속도로 IC를 지날 때마다 진입하는 차들이 몰려 병목현상이 심했고, 일반도로도 차선이 좁아지는 길목에서는 여지없이 병목현상이 일어났다.

병목현상은, 병의 목 부분처럼 넓은 길이 갑자기 좁아짐으로써 일어나는 교통 정체 현상을 말한다. 병은 액체 등을 따를 때 갑자기 쏟아지는 것을 방지하기 위해 대체로 목 부분을 좁게 만든다.

그러나 도로는 차가 달릴 때 달리는 속도를 줄이기 위해 큰 도로의 목 부분을 일부러 좁게 만들지 않는다. 병의 목은 필요해서 의도적으로 만든 순기능의 목이지만 도로의 목은 불가피하게 만들 수밖에 없는 역기능(교통체증 관련)의 목이다.

지방에 갔다가 귀경하면서 차가 몰리거나 길이 좁아져 생기는 교통체증을 병목현상이라 하는 것은 어울리지 않다고 생각했다. 병목보다 훨씬 순수하고 우리 조상들이 오래 사용해 온 길목이 있는데, 자극적거나 비유적인 언어를 좋아하는 우리 습관 때문에 병목이 적용된 것 같아 씁쓸하지 않을 수 없었다.

사람의 목도 머리와 몸통을 잇고 있으며 심장에서 만들어진 산소와 피를

머리로 공급하는 중요한 역할을 하는 곳으로 특징은 굵지 않고 잘룩하다는 것이다. 사람의 목은 뇌의 작은 실핏줄에 산소와 피를 공급하기 위해서 병의 목처럼 머리에 적절하게 조절하는 순기능 역할을 해야 하기 때문에 조물주가 잘룩하게 만든 것 같다. 돌아오는 길에 안성휴게소의 작은 공원에 이런 글귀가 눈에 띄었다.

'덜미는 인형극을 일컫는 남사당패의 은어인데 인형의 목덜미를 잡고 노는
데서 비롯되었다고 한다.'

우리나라 전역에 펼쳐져 있는 도로의 목, 즉 길목에서 덜미를 잡힌 운전자들의 모습이 담긴 대서사시 같은 인형극이 스쳐 지나갔다.

생각 연습

잘룩한 사람의 목이 절제와 조절 기능도 가지고 있다는 생각을 병목의 순기능을 통해 연상해 본다. 좁은 문도 같은 의미로 생각해 본다.

나의 생각

....

....

....

....

78
동보

동보는 '서울시립아동보호소'의 약자다. 최근 저녁식사 자리에서 만난 1956년생 축구동아리 선배는 자신이 동보 출신이라며 어린 시절 신세를 한탄했다. 선배는 1963년 국민학교 1학년 때 누나랑 청계천에 놀러갔다가 영문도 모른 채 경찰에 붙잡혀 서울시립아동보호소에 끌려갔다고 한다. 이후 선배의 부모님 고향이 군산이라는 이유로 군산 보호소에 넘겨졌고, 그곳에서 약 5년 동안 부모님과 헤어져서 강제 노역과 배고픔과 자유가 없는 삶을 살아야 했다.

군사정권은 1956년 사회 정화와 교화를 명분 삼아 '부랑아 근절책 확립의 건'을 마련하고 길거리에 부랑아로 보이는 어린이를 붙잡아 강제로 시설에 보내 격리 수용시켰다. 인권위의 '아동인권침해 사건 보고서'에 따르면 안산 소재 선감학원에서만 5000여 명에 달하는 아동들이 국가 부랑아 정책에 따라 강제 수용되어 인권을 유린당했다 한다. 1980년에도 군사정권은 사회정화정책의 일환으로 '삼청5호계획'이라는 이름하에 폭력범과 사회풍토문란 사범을 소탕한다며 역시 강제 격리시켜 순화교육을 강행했다.

이 두 사건은 대한민국 근대사에 수치스러운 일로 기억될 최악의 인권탄압사건이 아닐 수 없다.

혹시 현 정부가 사회정화를 한다고 노숙자들을 격리 수용할 계획이 있다면, 위 두 사건의 우를 절대 범치 말아야 한다. 선진국일수록 길거리에 노숙자가 더 많은 이유는 사회정화보다 인권이 훨씬 더 중요하기 때문이 아닐까?

대화 도중 선배는 부랑아 수용소에서 만났던 친구들 얘기와 선배에게 따뜻하게 대해 주었던 여 선생님의 얘기를 하면서 스스로가 동보 출신이라고 자랑하기도 했다. 저녁식사가 끝날 때쯤, 그래도 보호소에서 축구를 배워 전국체전 선수로 나갈 수 있어 다행이었다며, 국가로부터 빼앗긴 어린 시절을 애써 스스로 위로받고 있는 선배의 모습에서 나는 우리 사회의 소시민의 자화상을 볼 수 있었다.

누가 이들에게 보상할 것이며 누가 이들을 안아 줘야 할 것인지, 국가의 책임만은 아닌 것 같다.

생각 연습

현재 나이가 60대 중반 이상인 동보 출신 선배님들은 힘내시라 부탁드리고 싶다. 그들을 50년 전에 수용소로 보낸 국가의 죄를 우리 후손들이 갚을 수 있을 거라 생각한다.

나의 생각

....

....

....

....

79
도(道)와 광역시의 조화

조선 8도는 700여 년 전 고려 말에 확정된 행정구역으로, 당시 주요 도시를 묶어서 도(道) 이름을 정했는데, 강원도는 강릉과 원주, 충청도는 충주와 청주, 전라도는 전주와 나주, 경상도는 경주와 상주를 합한 행정구역이다. 700여 년이 지난 지금 각 도(道)의 주요 도시가 바뀌었음을 감안할 때, 강원도와 경기도는 그대로 하고, 충청도는 청대도(청주,대전)로, 전라도는 전광도(전주,광주)로, 경상도는 대부도(대구,부산)로 변경해야 된다는 생각을 해 본다.

그러나 행정구역 명칭이 수차례 변화를 거쳐 광역시가 1995년 지방자치법에 의해 특별시, 도(道)와 같은 등급으로 등장하면서 광역시가 도(道)에서 빠져나감으로 기존 도(道) 이름을 청대도, 전광도, 대부도로 굳이 바꾸지 않아도 되는 핑계가 되었다.

광역시는 도(道)에 속해 있는 인구 100만이 넘는 도시가 지정받을 수 있으며, 도(道)와 별도의 행정구역으로 분리되고, 현재 대한민국에는 6개 광역시(부산, 인천, 대구, 대전, 광주, 울산)가 있다. 도(道)와 광역시는 확실히 다른 행정구역이므로 광역시가 되기 전에 도청소재지가 있었던 지금의 광역시 부산(경남), 대구(경북), 대전(충남), 광주(전남)에는 도청이 이미 다른 곳으로 이주해서 없다.

도(道)와 광역시의 분리로 혹시 700여 년 동안 내려오는 도(道) 명칭에 조금이라도 문제가 없을까? 답은 '전혀 문제 없다'이고, 오히려 700여 년 전의 도(道) 명칭과 700여 년이 지난 지금의 광역시 지정의 위대한 조화가 대단했음을 느끼게 된다. 충청도(충주,청주)에서 대전이 광역시로 빠져나갔는데도 충주와 청주가 위치해 있는 충청도라는 명칭에 손색이 없고, 경상도(경주,상주)에서 부산, 대구, 울산이 광역시로 빠져나갔는데도 경주와 상주가 위치해 있는 경상도라는 명칭에 손색이 없고, 전라도(전주,나주)에서 광주가 광역시로 빠져나갔는데도 전주와 나주가 위치해 있는 전라도라는 명칭에 손색이 없기 때문이다.

만약 전라도(전주,나주)에서 전주도 광역시로 지정된다면 전라도에서 전주를 제외시켜야 하기에 전라도를 군라도(군산,나주)나 익나도(의산,나주)로 변경해야 할 것이고, 충청도(충주,청주)에서 청주도 광역시로 지정된다면 충청도에서 청주를 제외시켜야 하기에 충청도를 천청도(천안,청주)로 변경해야 할 것이다. 그런데 다행히도 다음 광역시로 뜨고 있는 도시가 조선 8도 이름에 언급된 청주, 충주, 전주, 강릉, 원주, 경주, 상주, 나주가 아닌 천안 등 다른 곳이라 하니, 700여 년 전 우리 조상들이 지은 한반도의 8도 이름이 더 오래오래 유지될 것 같다.

생각 연습

700여 년 전의 주요 도시가 유교사상의 영향을 받아 광역시에 한 곳도 진입하지 못한 것을 700년간의 조화라고 하기에는 부끄러운 면이 있지 않을까?

나의 생각

80
프레임
(Frame)

"왜 피의자가 사기 칠 때 당했습니까?"

법정에서 판사가 학교 선배인 피해자에게 한 질문이다. "왜 사기쳤냐?"라고 피의자를 추궁할 줄 알았는데, 그리고 그 재판은 무혐의 판정으로 끝났다. 프레임이 중요했다.

미국은 의료사고 분쟁 시 판사가 의사에게 입증하라고 하지만 한국은 환자에게 입증하라고 하니 한국의 의료사고 재판에서는 환자가 패소할 수밖에 없는 구조라 한다. 역시 프레임이 중요하다는 걸 알 수 있다.

자신의 프레임으로 사회를 바라보며 억울하다고 탓만 하면 더 망가지고 만다.

법이나 사회의 프레임이 자신에게 유리한 프레임이기를 원하기보다 법이나 사회의 프레임을 제대로 알고 그 프레임에 맞춰 살아가는 게 어찌 보면 현명할 지도 모르겠다. 법을 만드는 자들도 사사건건 정반대 프레임으로 싸우고 있고, 법을 판정하는 자들도 권력이 바뀔 때마다 정반대 프레임으로 판결을 하고 있는 나라에 살고 있기 때문이다.

결국 나 자신의 프레임과 국가나 사회의 프레임이 얼마나 균형이 잘 맞는지를 스스로 깨닫고 대처하는 것이 최선일 것이다.

그러나 앞으로는 잘못된 프레임이 바뀌어 피해자가 변호사를 선임하거나 환자가 수술실에 들어갈 때 녹음기를 들고 가는 일이 없어지면 좋겠다. 적어도 피의자가 변호사를 선임하여 사건에 대해 입증하고, 병원(의사)이 영상 등 의무기록을 제시하며 분쟁 시 사고에 대해 입증해야 하지 않을까?

국가나 사회의 잘못된 프레임을 바로잡는 게 가장 큰 적폐청산임을 우리는 잘 알고 있다.

생각 연습

현 정권도 벌써 폐단이 쌓일 기간이 된 것 같다. 과거의 적폐뿐만 아니라 2년 동안의 근폐도 찾아내 청산의 대상으로 삼으면 좋겠다. 특히 잘못된 프레임(frame)에 대해서 바로잡았으면 좋겠다.

나의 생각

THINKING

제3부

Relax

PRACTICE

81
마이너스 예견의 효과

차에서 소음이 심하게 나 점심시간을 이용해 엔진오일을 교환하기 위해 잘 아는 카센타를 찾았다. 카센타 정비부장이 아직 엔진오일 상태가 괜찮으나 지금 교환하면 엔진 성능이 더 좋아진다고 교환을 권했지만, 나는 "다음에 오겠다"고 말하고 나왔다.

그런데 돌아오는 길에 새로 오픈한 카센타가 눈에 띄어 들러서 엔진 소음이 심하다고 하자, 직원이 차를 점검하고 나서 아직 엔진오일 상태가 괜찮으나 차 연식이 오래되어 자주 교환하지 않으면 엔진에 불이 붙을 수도 있다고 예견했다.

나는 혹시 엔진오일 교환을 잊고 있다 엔진이 잘못 될까 봐 걱정이 되어 오일을 교환할 수밖에 없었다. 분명 내 차의 엔진오일 상태는 똑같았는데 나는 플러스 예견에는 반응하지 않았고 마이너스 예견에 즉각 반응하고 말았다.

우리는 왜 플러스 예견보다 마이너스 예견에 더 민감하게 반응할까? 병원에서 의사가 술을 끊으면 건강하게 장수한다고 할 때는 술을 끊지 않다가도 술을 끊지 않으면 간암에 걸릴 수 있다고 하면 술을 끊고, 학교에서 규칙을 지키면 상을 준다고 할 때는 잘 안 지키고 규칙을 안 지키면 벌을 준다고할 경우 규칙을 잘 지킨다. 사람은 현재보다 좋아지는 플러스 가치에 대해서는 감동이 적은 편이나 현재보다 나빠지는 마이너스 가치에 대해서는 못 참는 본성이 있는 것 같다.

이는 사람이 익숙한 현재 상황에 만족하고 있기 때문에 올라가지 않아도 당장 불편이 없어 괜찮지만, 내려가는 것은 당장 손해와 함께 모든 게 불편해지기 때문일 것이다.

또한 사람은 누구나 위로 올라가고 싶어하는 욕망이 있어서 역설적으로 추락하는 것에 더 민감하게 반응하는 것이 아닐까? 성경도 법전도 상(플러스 가치)보다는 벌(마이너스 가치)에 대해 훨씬 더 많이 쓰여 있다.

생각 연습

마이너스 예견의 노예에서 벗어나 플러스 예견도 겸허히 수용하는 행복한 삶이 되기 바란다. 플러스 예견이나 마이너스 예견에 상관없이 해야 할 일을 자발적으로 하는 삶의 태도가 가장 좋다.

나의 생각

....

....

....

....

82
회상에 대한 모순과 교훈

결과를 중요시하는 우리 국민들은 특별한 각오로 12월을 보낸다. 12월은 한 해를 마무리할 뿐만 아니라 지난날을 회상하며 자신을 평가하고 결단하기에 딱 좋은 달이다. 누구나 대작이건 졸작이건 개인적으로 '2018 드라마'를 잘 마무리하기 원한다면 한 해의 과거를 정확하게 회상할 필요가 있다.

드라마에서 주인공이 과거를 회상할 때, 주인공 입장에서 그려지지 않고 시청자가 시청했던 장면이 재상영될 뿐이다(주인공 관점에서의 장면은 없다). 논리적으로 상당히 모순이지만 모든 드라마상의 회상은 다 그렇다. 예를 들어, 주인공 갑돌이가 갑순이와 키스를 했는데 갑돌이가 회상하는 장면에서 갑돌이 눈에 보이는 갑순이 얼굴 등등의 장면이 보이지 않고, 시청자들이 봤던 갑돌이 본인 모습을 포함해 전체 장면이 그려진다. 주인공 갑돌이의 관점이 아닌 시청자의 관점에서 제작된 모순된 회상이 우리 사회가 인정하고 있는 회상이다. 만약 주인공 갑돌이의 입장에서 새로 편집하여 회상 장면이 방영되었다면 그 드라마는 실패작이 되었을 것이다.

12월을 맞이하여 과거를 회상하는 방법으로, '내가 어떻게 살았는지' 보다 '내 주변이 나를 어떻게 평가하고 있는지'를 깊이 생각해 볼 일이다.

만약 우리가 극중 '회상'에 관한 모순에 익숙해지지 않는다면 현실에서도 공동체나 타인보다 내 자신의 생각이나 관념에만 치우쳐 사회로부터 외면 당할 것이다. 회상의 모순에서 얻은 교훈이다.

생각 연습

누구나 인생에 있어 주인공은 자기 자신이지만, 자기 인생의 과거를 돌아볼 때는 제3자의 관점에서 볼 줄 아는 지혜가 있기 바란다.

나의 생각

83
한방치료가 필요한 한국당

1년 전쯤 눈이 자주 충혈되어 안과를 찾았더니, 몇 가지 검사를 하고는 염증이 원인이라며 염증약을 처방해 줬다. 그런데 약효가 떨어지면 다시 눈이 충혈되기를 계속 반복하여 한의원을 찾았다. 한의원에서는 몸에 열이 많아 그 열이 위로 올라오면서 눈이 충혈된다며 열 내리는 약을 3개월치 처방해 줬다.

위 이야기는 동창회 모임에서 만난 한의원 원장인 친구와 대화하면서 떠올렸던 내용이다. 한의학 박사인 친구는 양학의 근거중심의학에 대한 문제점을 언급하면서 환경을 바꿔 치료하는 한의학이 근거 확보가 어려워 국가나 국민들로부터 외면당하고 있다고 했다.

원장 친구는 한 농부가 밭에 물을 줄 때마다 작물이 계속 시들해져 시험소에 가 물을 분석해도 아무 이상이 없어 고민에 빠져 있을 때, 지나가던 노인이 땅을 파 보이면서 땅에 물이 너무 많아서 작물이 썩는다며 물을 주지 않으면 된다고 했다는 얘기도 해 줬다.

동창회를 마치고 돌아오면서 정권을 뺏기고 병(?)에 걸려 있으나 어디 가서 어떤 처방을 받아야 할지 헤매고 있는 한국당이 바로 한방치료를 받아야 한다는 생각을 해봤다.

지난 정권의 중심에서 잘못한 자들을 색출하여 퇴출할 것이 아니라 좋은 비전과 함께 보수가 살아날 수 있는 환경을 만들어 힘을 모아 당을 쇄신해야 한다는 생각을, 양학과 달리 한의학이 질병을 치료할 수 있는 신체 환경을 조성해야 하므로 치료기간이 길어진다고 해서 한의원에서 양학 기술을 접목하면 안 되듯 보수 한국당이 현안 문제를 진보 논리로 급하게 처리하면 안 되지 않을까?

한의원에서 처방해 준 3개월치 약을 복용했더니 내 눈은 지금 충혈되지 않고 깨끗해졌다.

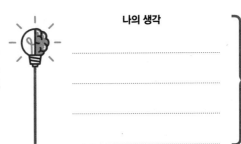

생각 연습

근거중심의학이 좋지 않은 방향으로 가면서 여러 가지 문제를 양산하고 있다는 한의원 원장 친구의 말을 새겨들을 필요가 있을 것 같다.

나의 생각

....

....

....

....

84
투명의자

서울북부지원에 근무하는 후배와 법원 지하 1층에 있는 구내식당에서 점심을 한 적이 있다. 그런데 식당 안에 들어갔을 때 나는 깜짝 놀라지 않을 수 없었다. 식사 중인 30여 명이 편안하게 투명의자운동을 하는 광경이 펼쳐졌기 때문이다.

투명의자운동은 의자 없이 의자에 앉아 있는 자세를 유지하면서 허벅지와 장딴지의 근력을 키우는 운동이다. 순간적으로 법원 직원들의 퍼포먼스아니면 단체 운동 정도로 느껴졌다. 그러나 조금 더 가까이 갔을 때 나는 투명의자에 앉아서 점심식사를 하는 직원들의 모습을 확인할 수 있었다.

투명의자가 법원 식당에 왜 있을까? 요즘 대한민국 법원은 사법농단 의혹과 함께 사법부의 권위가 땅에 떨어졌고 국민들도 투명하지 못한 대한민국 법원을 불신하고 있다. 북부지원의 투명의자가 모든 사건을 투명하게 다루겠다는 법원의 의지로 느껴져 다행이라 생각했다.

이런 생각도 해 본다. 법원의 모든 건물을 투명건물로 지어 법원 스스로가 투명하겠다는 의지를 보여 주고 국민들을 안심시키기는 법원으로 거듭나야 한다는 생각을 해 본다.

누구보다도 진위를 정확하게 판단해야 하는 법관의 말이나 행동은 투명해야 한다. 실력이 조금 없어도 괜찮다. 실력이 없으면 사례를 찾아서 적용하고 더 노력하면 되지만, 깨끗하지 못하면 전체의 흐름을 바꿔 놓는 우를 범하기 때문이다.

투명은 빛이 그대로 통과하여 훤하게 모두 비치는 것을 의미하며, 사람의 말이나 태도 그리고 행동이 분명함을 뜻하는 의미로 법관의 가장 중요한 가치이어야 한다.

생각 연습

우리 사회나 기업도 투명의자 교훈을 생각하면서 깨끗한 사회로 발전해 가면 좋겠다.

나의 생각

85
여행은 시공의 일탈이다

여행은 익숙한 공간에서 낯선 곳으로 이동하는 공간이동뿐만 아니라 현재라는 시간으로부터 벗어나는 시간이동이다. 누군가에게는 익숙한 공간이고 현재이지만, 여행자에게는 낯선 공간이고 과거나 미래의 시간이 되어야 여행하는 맛이 난다는 얘기다.

여행은 자신을 포장하고 아무도 모르는 곳에서 추억을 즐기거나 새로운 세상을 체험하는 과거와 미래로의 여정이기도 하다. 현재는 모든 환경이 노출되지만 과거는 지나가서 보이지 않고 미래는 오지 않아 숨겨져 있기 때문에, 시공의 일탈이야말로 여행을 여행답게 만드는 필요충분조건이 아닐 수 없다.

여행은 현재에서 벗어나는 순간 자유의 세계로 들어가는 자유여정이기도 하다. 현재는 자유를 구속하지만, 과거나 미래는 자유를 구속할 수 없다. 그렇다고 여행자가 Past follower(과거 추구형)이거나 Future follower(미래 추구형)라고 단정할 순 없다. 그래서 여행은 자유하는 여정이어야 한다. 자유로운 여정은 여행의 의미를 퇴색시키고 만다.

여행은 길지 않고 짧다. 현재가 빌려 준 과거와 미래의 시공(時空)에 불과하기 때문이다.

여행의 끝은 항상 현재와 익숙한 곳으로 이어진다. 구속과 경쟁 그리고 협력과 다툼이 존재하는 현재라는 긴 여정으로 다시 돌아가는 게 여행의 숙명이다.

여행은 축구경기에서 하프 타임(half time)과 닮았다. 하프타임은 실제 경기를 하지 않는 시간과 공간에 속하기에 경기 전체 속의 짧은 일탈의 시공에 불과하다. 쉼의 의미를 넘어 전반을 분석하고 후반의 전략을 짜야 하는 하프타임을 통해 여행의 의미를 되짚어 본다. 여행은 시공의 일탈이다.

생각 연습

여행은 가장 행복을 느끼는 시간이다. 작은 여행을 일상에서도 계획해 보자. 시공을 벗어나 한시간짜리 여행이라도 시도해 보면 어떨까?

나의 생각

86
2→4, to→for

KT경제경영연구소가 선정한 '2018 한국을 이끈 ICT 10대 트랜드' 중 O4O가 연말을 맞이하여 대기업 유통사업에서 온라인과 오프라인 매장 간 시너지 창출 전략으로 부상하고 있다.

O2O(Online to Offline)는 온라인(Online)과 오프라인(Offline)이 결합하는 마케팅 서비스 방식으로, 백화점 등 오프라인 매장에서 상품을 살펴본 후 같은 제품을 온라인에서 더 싸게 구입하는 '쇼루밍'(Showrooming)이 대표적인 예다.

O4O(Online for Offline)는 모바일에서 먼저 결제를 한 후 오프라인 매장에서 물건을 받도록 하는 서비스 방식으로, 오프라인에서 다양한 실제 체험을 하게 한 후 즉석에서 온라인으로 물품을 주문하면 당일 배송 받을 수 있는 시스템이 대표적이다.

O2O는 온라인이 거래의 중심이 되고, O4O는 오프라인이 거래의 중심이 된다. 여기서 O2O의 2(two)는 to로, O4O의 4(four)는 for로 사용됨을 알 수 있다. to와 for 의미로 O2O와 O4O를 해석해보면, Online to Offline은 '오프라인에 온라인이'라는 뜻으로 온라인이 중심이고, Online for Offline은 '오프라인을 위한 온라인'으로 오프라인이 중심이 된다.

O4O가 오프라인 중심으로 이동하듯, 우리 사회도 친(親)온라인에서 친

(親)오프라인으로 이동하고 있음을 주시해야 한다.

'가상for현실', '소프트웨어for하드웨어', '비전for행동, '계획for실천'을 Online for Offline 원리로 대비해 볼 때 가상, 소프트웨어, 비전, 계획은 친온라인 가치고, 현실, 하드웨어, 행동, 실천은 친오프라인 가치다.

한국 사회는 지금 그 핵심가치가 친오프라인으로 옮겨 가는 2→4, to→for 시대를 맞이하고 있다.

아직까지는 시장규모가 '오프라인 〉 O2O(온라인) 〉 O4O(친오프라인적 온라인)' 수준이지만, 4차 산업혁명 시대에는 O4O 비지니스가 새 모델로 부각되고 있음을 간과해서는 안 된다.

생각 연습

사회나 문화 분야에 스며드는 친(親)오프라인 가치를 인식해야 한다는 차원에서 정리했으니 의미로만 이해해 주면 고맙겠다.

나의 생각

87
근세와 근대

세계사에서 시대는 크게 고대(5세기 이전), 중세(5-15세기 1,000년), 근대(15세기 이후)로 구분되고, 이 시대 구분은 주로 19세기 이후 사용되었다고 한다.

특히 근대는 사상에 의해서 다시 Pre-modern(16-17세기)시대와 Modern(18세기-19세기)시대와 Post-modern(20세기 이후)시대로 나뉜다.

근대(Modern)는 문예부흥과 계몽주의운동을 거쳐 신본주의를 인본주의로 변화시킨 Modernism에 근거하고, Modernism은 인간의 이성을 바탕으로 과학기술과 합리적 방법으로 산업혁명의 꿈을 이뤘지만, 오존층 파괴, 지구 온난화, 환경의 파괴, 핵전쟁의 위협 등으로 인간의 이성과 과학의 한계를 뼈저리게 느끼게 했다.

이에 인류는 탈Modern을 시도하면서 Post-modern시대를 맞이한다. Post-modernism은 1960년 미국과 프랑스를 중심으로 학생운동, 여성운동, 흑인민권운동, 제3세계운동 등을 통해 감성의 자유로운 표현과 개성의 발견뿐만 아니라 비합리적인 영역까지 포괄적인 가치를 제시했다. 그런데 우리는 Modern시대와 Post-modern시대는 잘 알고 있지만 Pre-modern(근세)시대에 대해서는 잘 모르고 있다.

중세와 분명히 다른 Pre-modern시대가 있었는데, 근대라는 개념과 동일하게 잘못 여겨왔다.

post는 '이후'라는 뜻이고, pre는 '이전'이라는 뜻으로 Post-modern은 Modern 이후를, Pre-modern은 Modern 이전을 의미한다.

Pre-modern(근세)시대는 중세와 근대 사이인 16-17세기를 말하며, 한국에서는 조선시대가 Pre-modern시대다. 근세(Pre-modern)와 근대(Modern)는 분명히 다르다.

생각 연습

세대를 구분하고 이해하는 것은 역사 인식의 기초다. 근세와 근대를 구분하는 기회가 되었으면 좋겠다.

나의 생각

....

....

....

....

88
순발력

한 여자가 비논리적이고 핑계를 잘 대는 남자 친구와 헤어질지 아니면 더 사귈지 고민하던 중에 함께 잠실 롯데타워 123층 전망대에 올랐다. 여자는 미세먼지로 흐리게 보이는 서울 시내를 바라보며 "서울 시내에 우리 같이 사귀는 커플이 얼마나 될까?"라고 남자 친구에게 무심코 물었다. 그러자 남자 친구는 거침없이 5,678쌍이라고 답했고, 여자 친구가 어떻게 알지도 못하면서 자신감 있게 말할 수 있냐고 반문하자 남자 친구는 곧장 자신은 신통력이 있어서 다 알 수 있다고 했다. 그렇지 않아도 여자는 비논리적이고 매사에 대충 넘어가는 남자의 스타일이 싫어서 이별을 고민하고 선을 긋기 위해 롯데타워에 온 상황이어서 여자는 헤어지기로 결심을 하고 말았다.

그리고 여자는 남자에게 5분이 지난 지금 서울 시내에 사귀는 쌍이 얼마나 되냐고 물어볼 때, 만약 남자가 5,677쌍이라고 답하면 자신의 마음을 알아채는 남자와 다시 사귀고 틀리면 진짜 헤어져야겠다고 다짐했다. 그런데 다시 묻는 여자의 질문에도 남자의 답은 여전히 5,678쌍이었다. 물론 남자는 5,678쌍이 셀 수도 확인할 수도 없는 질문에 대한 상상의 답이기에 아무 생각 없이 그대로 말했을 뿐이다.

여자는 남자에게 "사실 내가 5분 전 당신과 헤어지기로 마음먹었기에 당신의 답은 5,677쌍이어야 하는데 5,678명이라 했으니 틀렸고, 또 당신의 답이 틀리면 오늘 이별을 통보하고 끝내야겠다고 작정했으니 이제 헤어지자"고 말했다. 그때 남자는 하하하 호탕하게 웃으면서 핸드폰을 꺼내어 만지작거리더니 조카로부터 온 카톡이라며 여자에게 보여줬다. '삼촌, 나 방금 잠실에 사는 혜숙이와 사귀기로 했어요. 축하해 줘요.' 여자는 남자의 조카로부터 왔다는 카톡이 사실은 남자가 잽싸게 직접 쓴 내용인 줄 알았지만 결국 남자의 순발력에 감탄하여 계속 사귀기로 했다. 이는 여자가 평소 남자 친구의 핑계를 순발력으로 재해석했기 때문에 가능한 일이었다.

위 이야기는 내가 만들어 낸 내용으로 위기의 상황에서 순발력은 그 위기를 모면할 수 있는 힘을 갖고 있음을 시사하는 이야기다.

우리나라 대학은 하나의 답만을 요구하는 문제가 시험지 형태로 출제되지만, 프랑스 대학은 여러 개의 답이 있는 문제를 토크 형태로 답해야 하고, 학생 스스로가 끌어낸 답에 대해서 얼마나 설명을 잘하느냐에 따라 점수가 정해진다고 한다. 프랑스에서 창의력이 뛰어난 예술가들이 많이 배출되고 있는 이유 중 하나가 순발력을 요구하는 프랑스 교육의 방향 때문이기도 할 것이다.

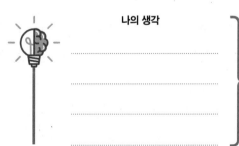

생각 연습

배운 사람의 순발력은 재치 내지는 영감이라 말하고, 못 배운 사람의 순발력은 개그 정도로 낮게 보는 우리 사회가 아쉽다. 주변에 순발력이 뛰어난 사람이 있다면 그가 누구든지 그에게 박수를 보내면 좋겠다.

나의 생각

89
세 기준, 8등급

옳고 그름, 이롭고 해로움, 이 두 기준에 의해 200년 전 다산(茶山) 정약용은 사람 됨됨이를 4등급으로 분류했다.

1등급 : 옳고 이로움 얻음   2등급 : 옳으나 손해 당함

3등급 : 그르나 이로움 얻음   4등급 : 그르고 손해 당함

이는 올바른 삶만이 그 가치가 높을 뿐, 그릇되게 사는 것은 어떤 경우라도 용서될 수 없다는 유교원리의 기초 위에 이익을 얻는 것이 해를 입는 것보다 우위에 있다는 실학사상을 반영한 결과라 할 수 있다. 당시 충신들이 유교를 바탕으로 한 실학을 주장한 정약용을 이해했더라면 정약용이 귀양까지는 가지 않았을 것이다.

정약용이 유교사상을 배제하고 실학사상만 중시하여 등급을 정했다면, 셋째 등급인 그름을 추종하고 이익을 얻는 것과 둘째 등급인 옳음을 추종하고 손해를 보는 것을 바꿨을 것이라는 생각을 해 본다.

지금 우리의 현실은 2등급과 3등급이 뒤바뀌어 있음이 분명하다. 모두가 원칙보다는 결과와 이익의 미학을 즐기고 있기 때문이다. 옳고 그름과 이롭고 해로움에 선행과 악행을 추가하여 세 가지 기준으로 8등급을 정하면 어

떨까?

1등급 : 옳고 해로우나 선행　　　　2등급 : 옳고 이롭고 선행

3등급 : 그르고 해롭고 선행　　　　4등급 : 그르고 이로우나 선행

5등급 : 옳고 해로우나 악행　　　　6등급 : 옳고 이롭고 악행

7등급 : 그르고 해롭고 악행　　　　8등급 : 그르고 이로우나 악행 (정리:김삼기)

　여기서 여덟 가지 등급은 정약용이 옳음을 가장 중요시하고 그다음 이익을 중요시했던 것과는 달리, 선행을 가장 중요시하고 그다음 옳음을 높은 가치로 표현했다. 이익 부문에서도 오히려 이익을 얻고도 선행을 행하는 자의 등급을 해로움이 있은 후 선행을 행하는 자의 등급 아래 두었다.

　세 가지 기준의 핵심은 선행이건 악행이건 이로움보다 해로움이 우위에 있다는 것이다. 이는 이로운 상황에서보다 해로운 상황에서 선행하는 것이 더 어렵고 그래서 더 값지고 귀하다는 뜻이고, 특히 현대사회가 거대한 공동체로서 각자에게 이타적인 삶을 요구하고 있기 때문이다.

　우리는 스스로가 어느 등급에 속해 있는지 자문해 볼 필요가 있다. 만약 낮은 등급에 머물러 있다면 지금부터라도 상위 등급의 삶을 살기 위해 노력해야 한다.

생각 연습

개인이라면 일부러 1등급을 목표로 정하지 않아도 되지만, 지도자에 해당하는 자라면 1등급이 필요로 하는 희생과 헌신의 정신을 가져야 하지 않을까?

나의 생각

90
오상산책
(五常散策)

　유교에서 사람이 마땅히 갖추어야 할 다섯 가지 기본 덕목 五常은 인(仁), 의(義), 예(禮), 지(智), 신(信)으로 '사람은 마땅히 어질고, 옳고, 예의 바르고, 지혜롭고, 믿음이 있어야 한다'는 의미다. 유교를 중시했던 朝鮮의 수도 한양은 五常을 토대로 세워진 도시로, 성문 명칭을 동서남북에 맞춰 인, 의, 예, 지로 그리고 중앙을 신으로 적용했다.

　仁 東大門 興仁之門

　義 西大門 敦義門

　禮 南大門 崇禮門

　智 北大門 弘智門

　信 中央 普信閣

五常을 사람 身體에 적용해 보면,

仁 東 왼손 / 義 西 오른손 / 禮 南 다리 / 智 北 머리 / 信 中 심장으로,

왼손은 어질게 오른손은 의롭게 사용하고, 다리는 예의 바르게 머리는 지

혜롭게 사용하고, 심장은 믿음으로 가득 차 있어야 할 것 같다.

自然에도 적용해 보면,
仁 봄 / 義 여름 / 禮 가을 / 智 겨울 / 信 땅속

봄에는 새싹이 어질게 자라고, 여름에는 나무가 의롭고 싱싱하게 성장하고, 가을에는 고개 숙이며 겸손하게 열매를 맺고, 겨울에는 지혜롭게 모든 짐을 내려놓고, 땅속에서는 생명의 섭리를 믿고 기다리고 있어야 할 것 같다.

人生에도 적용해 보면,
仁 소년 / 義 청년 / 禮 장년 / 智 노년 / 信 전체

모든 삶에서 五常을 지키되 특별히 소년은 어질게 청년은 의롭게 살고, 장년은 예의 바르게 노년은 지혜롭게 살고, 인생 전체는 믿음으로 살아야 할 것 같다.

생각 연습

仁(인), 義(의), 禮(예), 智(지), 信(신)을 삶 속에서 잘 적용하여 선조들의 가르침대로 살면 어떨까? 그리고 서울의 4대문 이름과 보신각도 오상을 연상하면서 정확히 기억하면 좋겠다.

나의 생각

....

....

....

....

91
윤창호법, 反김성수법

작년 9월 해운대에서 교통사고를 당한 윤창호 군이 뇌사상태로 있을 때, 친구들의 음주운전 처벌 강화 노력이 세상에 알려지면서 국민들의 관심이 음주 교통사고 처벌에 쏠렸다. 안타깝게도 윤창호 군은 세상을 떠났고, 국회는 음주 운전을 하다 사람을 사망하게 한 경우 '무기징역 또는 3년 이상의 징역'형에 처한다는 윤창호법을 통과시켰다.

같은 시기에 강서구 PC방에서 김성수가 아르바이트를 하던 피해자와 시비가 붙어 살해한 사건이 발생했고, 김성수 측은 김성수가 정신질환을 앓았다고 주장하며 감형 카드를 꺼내들었다.

그 후 국민들의 분노와 관심이 국회를 움직였고 결국 윤창호법이 통과된 날 '심신미약이 확인되면 감형이 의무였던 법을 의무가 아닌 판사의 판단에 따라 결정한다'는 김성수법도 통과됐다.

윤창호법은 피해자의 이름을 딴 법으로, 음주 교통사고를 강력하게 처벌함으로 음주 교통사고를 예방하는 차원에서 윤창호라는 이름 석 자의 가치를 높여 주는 법이다. 그러나 김성수법은 피해자가 아닌 피의자의 이름을 딴 법으로 피의자의 파렴치한 주장을 떠올리면서 심신미약으로 감형될 수 없다는 것을 인식하는 의미는 담고 있지만, 그렇다고 피의자 이름을 딴 법에 대해서는 공감할 수 없다.

김성수에게 살해당한 피해자 측도 정신질환에 의한 감형에 대해 강력히 반대 주장을 했는데, 왜 여론은 김성수에게만 초점을 맞추고 국회까지 나서서 김성수를 네이밍한 법을 통과시켰는지 이해가 안 된다.

사실 따지고 보면 김성수의 주장과 반대로 법이 통과됐으니 피해자 측의 거절로 피해자의 이름을 따서 정할 수 없었다면 차라리 反김성수법으로 해야 맞지 않았을까?

앞으로 이름을 딴 법을 만든다면 포지티브적인 사람의 이름은 이름 석 자를 그대로 쓰고, 네거티브적인 사람의 이름은 이름 앞에 반(反)자를 꼭 넣으면 좋겠다. 김영란법, 反김성수법, 反조두순법 등등으로 말이다.

생각 연습

이름을 딴 법이 당대에는 효과가 있을지 모르지만 시간이 지나면 효력이 없어지리라 생각된다. 지금은 우리에게 법 이상의 강력한 메시지를 주지만 말이다.

나의 생각

....
....
....
....

92
어떤 비판

최근 몇 개월 동안 소식이 끊겼던 친구로부터 전화를 받았다. 아침 일찍 전화 연락이 온 친구는 대학 졸업 후 공직생활만 쭉 하다가 작년 12월에 퇴직한 친구다. 퇴직 기념으로 유럽여행을 다녀온 친구를 올 초에 만났을 때, 친구는 연금도 나오고 부동산도 꽤 있고 부인 사업도 잘되서 매우 행복하다고 했다. 당시 자주 연락도 하고 등산도 같이 다니자던 친구가 봄부터 소식이 끊기자, 나는 여러 번 연락을 했지만 친구는 전화도 받지 않고 카톡도 보기만 하고 답장을 하지 않았다.

결국 나도 친구에게 서운한 마음이 생겨 더 이상 연락하지 않았고 그 친구가 변해서 잘나가는 사람들하고만 어울리는 속물이 되었다고 비판하고 마음속에서 지워 버렸다.

그런데 친구로부터 전화를 받고 나는 창피하지 않을 수 없었다. 공무원 출신 친구는 세상물정을 잘 모르는 터라 투자 후 사기를 당해 재산을 다 잃고 법적 소송을 하느라 너무 바빠서 연락을 못해 미안하다고 했다.

나는 1년 전 친구의 상황이 아직도 변하지 않고 현재도 그대로인 줄 알고 있었기에 전화나 카톡 연락이 되지 않는 친구를 원망하고 비판했었다.

사실 나도 1년 사이에 많은 부분에서 변화가 있었는데, 그렇다면 누군가는 지금의 나를 1년 전의 나로 생각하고 나에 대해서 잘못된 평가를 하고 있을 것이라는 생각을 해 본다.

비판은 비판의 대상이 내가 아니고 상대이기에 어떤 경우든 상대를 정확히 알되 현재 시점에서 알아야 하고, 또한 상대의 상황에 들어가 간접경험을 해 본 후에 해야 된다. 그래서 동종의 그룹이나 가까이 있는 사람은 비판의 대상이 될 수 있지만 타 그룹이나 멀리 있는 사람은 비판의 대상이 될 수 없다.

만약 누군가가 1년도 아니고 10년 전, 20년 전 아는 사람에 대해서 그때 상대의 상황의 잣대로 현재의 상대를 비판한다는 것은 상대의 10년 20년 동안의 엄청난 변화를 무시한 처사로 어리석은 비판이 되고 말 것이다.

세상은 나만 변하는 것이 아니라 같이 변하고 있다. 엄청 빠르게……

생각 연습

교수는 학문이나 학자를 비판해야지 교수가 정치나 정치가를 비판하는 것은 난센스라 생각한다. 제안이나 조언 정도가 좋지 않을까?

나의 생각

....

....

....

....

93
왜 만나 주는지 아시나요?

"제가 당신을 왜 만나 주는지 아시나요?"

한 중년 여성이 자신의 존재감을 찾기 위해 최근 만나고 있는 주변 지인들에게 보낸 문자 메지지다.

KBS 2TV 주말드라마 '하나뿐인 내 편' 중간쯤에서 아버지(최수종)와 딸(유이)의 특별한 만남이 시청자들의 관심을 끌었다. 어렸을 때 헤어진 후 20여 년이 지나 만났지만 아버지를 알아보지 못한 딸을 그림자처럼 따라다니며 딸이 어떤 선택을 해도 딸 편이 되어 주는 아버지 때문이다. 딸이 자신이 다니는 회사의 회장님의 기사가 자신의 아버지인 줄도 모르고 왜 그 기사를 가끔씩 만나 주어야 하는지, 앞서 언급한 중년 여성과 같은 질문을 아버지에게 한다면 어떨까?

중년 여성에게 온 많은 답장 중, 첫사랑으로 만나 중년 여성을 30여 년 동안 귀하고 소중하게 지켜 온 그녀의 옛 남자 친구로부터 온 등산로 사진과 함께 '길'이라고 쓰여진 답장이 중년 여성의 존재감을 찾아주는 최고의 답장이었다. "당신이 나를 만나 주는 이유는 첫사랑이기 때문이 아니라 내가 당신이 가는 많은 길 중 등산로 같이 편안한 길이니까요"라는 멘트도 있었다.

드라마 '하나뿐인 내 편'에서 아버지의 답장도 부끄러운 아버지의 모습을 숨기면서까지 딸이 살아가는 인생에 골목길처럼 다정다감하고 신작로처럼 안전하고 든든한 길이 되어 주기 때문이었을 것이다.

우리가 살면서 누군가를 만나고 만나 주는 이유는 그들이 우리 인생의 의미 있는 길이 되어 주기 때문이 아닐까?

낯선 사람을 만나는 것이 낯선 길을 만나듯 자연스럽지 못하고 친한 사람을 만나는 것이 익숙한 길을 만나듯 편안한 것처럼, 사람이 누군가를 만난다는 것은 어떤 길을 만나는 것이다.

성경에서도 길이요 진리요 생명이신 예수님을 만나야 한다고 하지 않았는가. 우리에게 구원의 길이 되어 주기 때문이다.

옛 남자 친구와 아버지의 답장(길)에 대한 중년 여성과 딸의 반응(맞다, 틀리다)은 아직 알 수 없다. 우리가 살아가면서 반응해야 하는 우리 스스로의 몫이기에.

생각 연습

나는 타인에게 어떤 길일까? 오늘도 주변 사람들에게 유익하고 편안한 길이 되어 주는 하루가 되기 바란다.

나의 생각

....

....

....

....

94
예수의 개혁방향

2000여 년 전 로마제국의 지배하에 있었던 유대인은 압제와 빈곤 그리고 종말론과 메시아 사상의 충돌로 인해 각지에서 반란을 일으켰다. 당시 유대의 지배 계급이었던 사두개파와 종교 지도자 계급인 바리새파는 로마에 협력하거나 유대교의 율법에 전념하여 민중의 고뇌에 응하지 못해 지지를 받지 못했지만, 로마의 지배에 대항했던 열심당이나 은둔생활을 하며 메시아의 출현을 기다린 엣세네파(Essene) 등은 민중의 지지를 받을 수 있었다.

이 엣세네파로부터 요한의 '회개를 위한 세례운동'이 일어나 억압받고 차별받아 온 유대인들이 결집될 때, 예수는 이 운동의 지도자 중 한 사람이었다.

예수는 유대인으로 유대교 아래서 교육을 받은 철저한 유대교인이었지만 타종교를 비난하기보다는 유대교와 랍비 등 유대교 지도자들의 타락에 화를 내며 공격 방향을 타 그룹이 아닌 자체 그룹으로 잡았다. 결국 예수의 운동이 반로마적 반유대적 성격을 띤 민중의 메시아 운동이라는 것을 우려한 로마와 유대의 지배층이 예수를 체포하여 로마의 형법에 따라 십자가형으로 죽이고 말았다.

예수 사후에 예수가 부활하였다는 신앙이 생겨나 최초의 기독교 교단이 형성되어 이윽고 바울에 의해 유대교와는 이질적인 기독교가 성립되었으며, 2000여 년이 지난 지금도 예수는 인류 역사상 가장 위대한 지도자가 아닌가. 기독교의 시조인 예수를 현대 기독교인조차도 예수가 원래부터 기독교인이라고 알고 있지만 예수는 원래 유대교인이었음을 정확히 알아야 한다.

현재 대한민국의 정부나 국회나 종교계는 타 그룹의 잘못을 탓하기보다 자신이 속해 있는 그룹의 잘못을 강하게 성토하고 올바로 고쳐 나가려는 예수의 개혁정신을 가진 지도자가 필요한 때다. 특히 정권을 빼앗긴 자유한국당이야말로 여당과의 다툼에서 벗어나 기존 한국당의 잘못을 격렬하게 고발하고 새로운 가치를 내세우는 올바른 개혁방향의 지도자를 발굴해야 할 것이다.

종교계 역시 예수의 개혁정신을 이어받아 종교계 스스로를 고발하면서 개혁해야 하지 않을까?

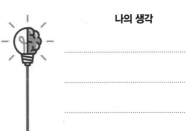

생각 연습

이 땅에서 예수가 보여준 사회 운동을 근거로 예수의 개혁 방향을 정리해 봤다.

나의 생각

....

....

....

....

95
블랙 프라이데이
(Black Friday)

미국의 블랙 프라이데이 당일 온라인 매출이 역대 최고액인 62억2천만 달러(약 7조 원)로 전년 대비 24% 급증했다고 한 경제매체가 보도했다.

미국의 블랙 프라이데이는 11월 넷째 주 목요일 추수감사절(Thanksgiving Day) 다음 날인 금요일을 일컫는 용어다. 이날 할인판매로 인해 증가한 소비 덕분에 장부상의 적자(red figure)가 흑자(black figure)로 전환된다고 해 '블랙'이라는 이름이 붙었다고 전해진다.

추수감사절은 북미 지역의 전통적 명절이자 국경일로 17세기 초 신대륙으로 이주한 청교도들이 첫 수확을 거둔 후 이를 기념한 데에서 유래됐다. 청교도들은 그들에게 도움을 준 원주민들을 초대해 옥수수 같은 곡식과 야생 칠면조 등의 음식을 나눠 먹으며 수확의 기쁨을 함께했다고 한다.

왜 추수감사절 다음 날이 블랙 프라이데이일까? 추수나 수확은 부나 돈의 축적을 의미하는 소득의 개념을 가지고 있기에 추수를 기념하는 추수감사절 다음 날인 블랙 프라이데이는 소비하는 첫날의 상징성뿐만 아니라 소비하기에 가장 부담 없는 날이기 때문이 아닐까 하는 생각이 든다.

미국 국민들이 선물(Box)을 사는 날인 박싱데이(Boxingday)도 성탄절 다음 날인 12월 26일인데, 이는 예수를 통해 구원의 선물을 받은 위대한 성탄절 다음날이 남에게 줄 선물을 사는 첫날이라는 의미가 담겨 있다고 생각해 본다. 미국의 추수감사절과 성탄절이 가장 큰 명절이듯 한국에도 추석과 설날(구정)이라는 큰 명절이 있다.

미국에서 가장 큰 두 명절은 모두 하나님께 감사하는 날로 축제의 날이기에 그다음 날이 소비하기에 좋은 날이지만 한국의 명절은 다르다.

추석에는 조상 덕분에 추수할 수 있다고 생각하여 조상에게 성묘를 하고, 설날에는 1년을 잘 돌봐주신 살아 있는 부모님께 세배를 드림으로 효도가 두 명절의 주요 요소가 된다. 한국에서는 축제가 아닌 효도가 강조되는 추석과 설날이기에 그다음 날이 미국의 블랙 프라이데이와 박싱데이 같은 소비의 날이 될 수 없다는 게 안타까울 뿐이다.

축제는 역동적이어서 소비심리를 불러일으키지만 효도는 정서적이어서 그렇지 못하다.

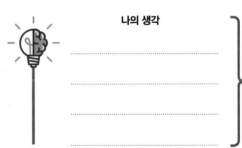

생각 연습

한국도 블랙 프라이데이가 있지만, 미국과 같은 제조사 중심의 기획이 아니라, 유통사 중심의 기획이 이루어져 아쉽다는 생각이 든다.

나의 생각

....

....

....

....

96
갑질, 을질

오래전 모 방송국 코미디 프로에서 '갑과 을' 코너가 높은 시청율과 함께 꽤 오랫동안 인기를 누린 적이 있다. 음식점 주인과 에어컨 수리 기사가 상황에 따라 입장이 달라진 갑을관계를 이용해 서로 갑질을 하는 컨셉이었다.

음식점 주인이 에어컨 기사가 늦게 왔다고 갑질을 하자, 에어컨 기사가 음식을 시키면서 음식이 늦게 나온다고 갑질을 하고, 다시 음식점 주인이 에어컨이 시원하지 않다고 갑질을 하자, 에어컨 기사는 음식이 식었다고 갑질을 하는 식이었다.

지금 우리 사회도 대기업 총수 등이 자신의 우월한 지위를 이용해 자신보다 약한 사람들에게 갑질을 했다가 역으로 갑질을 당하고 있는 꼴이 코미디 같다는 생각이 든다. 불과 10년 전만 해도 갑질에 대해 을의 반격은 생각도 못했었는데, 인터넷과 SNS 발달 등 휴대전화로 녹화와 녹취가 언제든지 가능한 시대가 되면서 을이 받은 괴롭힘에 대한 공격이 가능하게 됐다.

작년 9월 국회 환경노동위원회의 여야합의로 통과한 '직장 내 괴롭힘 방지법'이 오늘까지도 법제사법위원회에서 통과되지 못하고 계류 중이다. 모 정당의 두 의원이 직장 내 괴롭힘에 대한 정의가 불분명하다는 이유로 법안 통과에 반대했기 때문이라 한다.

아무리 대한민국이 갑질공화국이라고 하지만, 그렇다고 직장이나 우리 사회에서 갑의 위치에 있는 대부분의 사람들이 자신의 지위를 이용해 갑질을 하고 있다는 논리가 입법의 근거가 돼서는 안 된다.

만일 '직장 내 괴롭힘 방지법'이 괴롭힘에 대한 정의도 세우지 않고 통과된다면, 머지않아 대한민국은 을질공화국이 될 수 있다는 생각도 해 봐야 한다. 우리 사회나 기업의 면면을 자세히 들여다보면 집단이기주의나 잘못된 노조가 이미 을질을 하고 있지 않는가.

권리 관계에서 약자인 을이 갑에게 횡포를 부리는 것을 '을질'이라고 하는데, 을질이야말로 갑질보다 훨씬 무서운 재앙을 초래할 수 있다.

코미디 프로 '갑과 을' 코너에서 갑질이 아닌 을질을 컨셉으로 잡았다면, 인기는 고사하고 '갑과 을' 코너를 어서 빨리 빼라는 전화가 방송국에 빗발쳤을 것이다.

생각 연습

갑을은 법 앞의 평등을 생각해야 한다. 갑질을 막는 법을 만들되 을질을 초래하지 않는 범위 내에서 만들면 좋겠다.

나의 생각

....

....

....

....

97
추동론

오늘 비핵화와 대북제재, 남북협력 방안 등을 체계적으로 논의할 한미 워킹그룹이 워싱턴DC에서 첫 회의를 열고 공식 출범한다. 지금까지 한미는 북한의 비핵화와 한반도 평화체제 구축의 방법론에서 우리 정부는 남북관계의 진전으로 비핵화를 추동한다는 입장이고, 미국은 비핵화 진전이 있을 때까지 남북관계에서 앞서 나가지 말고 유지하자는 입장이었다.

그래서 한미 워킹그룹 출범은 한국의 추동론과 미국의 연계론을 더욱 체계화하고 외교 차원을 넘어 범위를 확대함으로 한미가 서로 긴밀하게 협조하기 시작했다는 데 그 의미가 있다고 본다.

추동(趨動)은 심리학 용어로 오랫동안 굶주린 동물이 항상성(균형)이 깨진 상태에서 평형 상태를 만들기 위해 음식을 찾아 움직이는 행동을 하는데, 이 행동을 유발하는 내적 상태를 의미한다. 추동은 연어가 산란기에 몇 천 킬로의 강물을 거슬러 자신이 태어난 목적지까지 정확하게 헤엄쳐 가고는 것처럼, 생존에 필수적인 유전적 행동인 본능과는 다르다.

요즘 북한 비핵화와 관련하여 추동이라는 심리학 용어가 자주 등장하는 이유는 뭘까?

현재 북한은 미국의 대북제재로 인해 김정은의 야심찬 경제개발계획이 올

스톱됐고 경제뿐만 아니라 모든 분야에서 국가로서의 균형을 잃은 상태다.

바로 국가로서의 균형을 잃은 북한에 남한이 경제협력 및 지원을 통해 균형을 찾게 해 주면서 비핵화를 이끌어 내자는 의미에서 북한의 비핵화 관련 추동론을 내세우는 것이 아닌가 생각된다.

미국 워싱턴DC에서 열린 2018 한반도국제포럼(KGF)에서 조명균 통일부 장관이 "김정은 위원장이 비핵화 조치를 취하게 추동하는 입장에서도 종전선언은 필요하다"고 주장한 것도 같은 맥락으로 봐야 한다.

비핵화 추진으로 표현하지 않고, 비핵화 추동으로 표현하는 정부의 깊은 뜻을 되새겨 볼 일이다.

생각 연습

한미 워킹그룹의 출범이 미국의 연계론보다는 한국의 추동론에 힘이 실린 것 같아 기분이 좋다.

나의 생각

....

....

....

....

98
스토브 리그
(Stove League)

스토브리그(stove league)는 야구가 끝난 비시즌 시기에 팀 전력을 보강하기 위해 선수 영입과 연봉 협상에 나서는 것을 지칭한다. 경기 시즌이 끝난 후 팬들이 난롯가에 둘러앉아 선수들의 연봉 협상이나 트레이드 등에 관해 입씨름을 벌이는 데서 비롯된 말이라 한다.

지난 17일 스토브리그를 달굴 KBO리그 자유계약선수(FA) 자격 선수들의 명단이 발표되면서 FA 선수들의 움직임이 요즘 핫뉴스로 뜨고 있다. 2019년 한국프로야구의 FA 시장 주요 관심사 역시 예년과 비슷하다. 전체 FA 계약액은 얼마나 될지, 최고 계약을 받을 FA는 누구일지, 구단별 희비는 어떻게 갈릴지 등이다.

스토브리그는 원래 야구에서 비롯됐지만 현재는 야구 외에 다른 스포츠 경기에서도 정규시즌이 아닌 비시즌에 발생하는 일을 통칭하는 데 사용된다. 스토브리그가 승부를 가리는 스포츠시장을 뛰어 넘어 국가의 명운을 놓고 종합적인 승부를 겨루는 국회에서도 적용되면 좋겠다는 생각을 해 본다.

야구에서 일정기간 자신이 속한 팀에서 활동한 뒤에 다른 팀과 자유롭게 계약을 맺어 이적할 수 있는 자유계약선수가 되듯, 국회의원도 한 당에서 3선 이상 국회의원을 유지한 자들에게 자유계약(free agent) 자격을 주면 어떨까?

초기에는 야당끼리의 FA시장이 활성화되겠지만 국회의 스토브리그가 어느 정도 정착되면 여야를 넘나드는 FA시장으로 발전하리라 예측된다.

사실 국회에서도 이미 당을 옮긴 의원들이 많이 있으며 지금도 옮기려는 의원들이 많이 있지만 개인의 유불리에 의한 이동으로 여겨져 국민들의 시선이 곱지 않는 편이다.

그러나 국회에서 스토브리그가 정착된다면 국회의원 각자가 소신을 가지고 자신의 주장을 펼칠 수 있고, 또한 지역구 유권자들의 변화에 민감하게 반응하면서 떳떳하게 당을 옮길 수 있을 것이다.

국회 스토브리그가 국가를 위한 국회의원인지, 당을 위한 국회의원인지 도저히 이해할 수 없는 현 국회의 면면을 바꿀 수 있는 좋은 기회가 아닐 수 없다.

생각 연습

국회는 스토브리그보다 여의도리그가 어울릴 것 같다.

나의 생각

....

....

....

....

99
다중
(多衆, multitude)

　대중(大衆, mass)은 대량 생산·대량 소비를 특징으로 하는 현대 사회를 구성하는 대다수의 사람을 말하며, 각 구성원들의 상호작용이나 경험의 교환이 거의 없고 물리적으로 서로 분리되어 있어 행동이나 통합이 이루어지기 힘든 무리다.

　공중(公衆, public)은 특정한 쟁점이 발생했을 때 특히 공공문제에 대해 관심을 표명하고 그들의 관심이 정책결정의 고려 대상이 되어 여론을 형성하는 다수의 사람을 말하며, 비영속적인 집단으로 영속적인 대중(大衆)과 대비된다.

　군중(群衆, crowd)은 공통된 규범이나 조직성 없이 한군데 모여서 우연히 조직된 일시적 집합체로, 따로따로 모이는 공중과는 대비된다.

　민중(民衆, people)은 국가나 사회를 구성하는 일반 국민 특히 피지배 계급으로서 일반 대중을 의미하며, 정치적으로 활성화될 잠재력을 지닌 채 역사적 경험에 근거하여 의식을 공유하고 실천지향적인 집합체이기도 하다.

　다중(多衆, multitude)은 각자의 정체성을 가지고 개별적으로 행동하며, 특정한 사안에 동의할 때 개별성을 유지하면서 공동으로 행동하는 사람들이다. 대중과 공중과 군중과 민중은 각 시대를 반영하는 많은 무리를 지칭하는 의미로 그 시대를 이끌어 온 힘의 상징이기도 했다,

대중은 대량생산 및 전체 통제시대를 맞이하여 대중의 힘(대중매체,대중문화,대중음악,대중교통)을 과시했고, 공중은 국가가 살 만할 때 국가다운 행동양식을 만들어 가면서 공중의 힘(공중도덕, 공중질서, 공중전화)을 빌렸고, 군중은 정치 발달과 함께 일시적인 집회가 활발해지면서 정치가들이 군중의 힘(군중심리)을 이용했고, 민중은 민주화 운동과 함께 지배 계층에 대한 피지배 계층의 도전에 민중의 힘(민중의 소리)이 활용됐다.

다중(多衆, multitude)은 어떤가? 다중은 단순히 많은 수의 대중과 다르고, 여론을 형성하는 공중과도 다르며, 한군데 모여서 우연히 조직된 군중과도 다르고 정치적 목적의식을 가진 '민중'과도 구분되는 개념이다. 다중은 개별성을 인정하면서 공동으로 행동하는 특징과 함께 여러 계층의 결합과 소통에 의해 모인 무리로 4차 산업혁명 시대에 가장 위력을 가진 집합체다.

지금은 다중의 파워가 세상을 이끌어 가는 다중시대로, 대중이나 공중이나 군중이나 민중의 힘으로 사회를 바꿀 수 있는 시대가 아니다.

다중은 선동이나 인기에 의해 움직이지 않고 진실과 진심이 통할 때 비로소 그 힘을 발휘할 수 있다. 다중이 아무리 큰 힘을 가졌다 할지라도 국민 위에 있을 수는 없다. 다중은 국민의 바로미터일 뿐이다.

생각 연습

집단지성의 힘이 여론과 질서를 형성하는 시대를 넘어, 우리는 이미 다중의 힘이 세상을 변화시키는 시대에 살고 있다.

나의 생각

....

....

....

....

100
인문학 강의

요즘 각 방송국마다 인문학과 문화 관련 강의가 인기를 누리고 있어 쉽게 시청할 수 있다. 주로 젊은 층이 방청객이고 강사는 대부분 미국에서 대학을 졸업해 학위를 받은 신세대 유학파였다.

미국은 합리주의와 개인주의 사상이, 한국은 감성주의와 공동체의식이 국민 기본 정서에 깔려 있다고 대부분 강사는 서두에 언급했다.

강의 초기에는 조용했다. 그런데 강의 중간쯤 관람객들이 박장대소를 하며 강사에게 힘을 보탰다. 한국인에게 미국 문화 잣대를 들이대거나 미국인에게 한국 문화 잣대를 들이댈 때 발생하는 해프닝에 대한 반응이었다.

그러나 강의가 끝으로 갈수록 분위기는 숙연해졌다. 대부분 강사의 결론 도출이 한국인을 모아 놓고 한국의 감성주의와 공동체의식 기반 위에 미국의 합리주의 이론을 추구하고 있었기 때문이었다. 방청객 대부분이 뭔가 부족하다는 생각과 함께 패배의식에 빠져들고 있었으니 분위기가 엄숙하지 않을 수 없었다.

지금 우리에게 필요한 것은 선진국의 문화를 따르는 게 아니라 세계 속에서 한국 문화의 정체성을 찾고 만들고 계승발전시키는 것이다. 세계 각국의 문화는 특히 미국뿐만 아니라 후진국의 문화까지도 우리 것을 위한 참고에 불과하다고 생각해야 할 것이다. 전 세계를 휩쓸고 있는 한류 바람의 발생지 한국에서 미국이나 유럽의 바람을 주제로 인문학을 강의하는 강사들이야말로 젊은이들의 미래의 방향성에 혼선을 주는 실수를 범하는 것이 아닐까?

인문학 강사가 한국에서 대학을 나오고 한국에서 학위를 받은 토종 한국인이면 좋겠다는 생각도 해 본다. 한국에서도 세계 각국의 학문을 다 섭렵할 수 있는 시대가 아닌가.

한국 문화로 세계 문화를 설명할 줄 아는 강사가 지금 우리가 찾고 있는 진정한 리더다.

생각 연습

한국의 사회와 문화를 설명하는 일에 더 많은 재정을 쏟아야 한다. 우리 시대의 진정한 영웅이 안 보이는 이유를 생각해 보는 하루가 되면 좋겠다.

나의 생각

101
지평융합

나는 수능 때만 되면 40여 년 전 국사 선생님의 학습방법이 떠오르곤 한다. 선생님은 고3 첫 수업시간에 "지금부터 내 말만 잘 들으면 국사 과목에서 만점 받을 수 있다"고 강조하셨다. 역사는 오래된 과거의 이야기로 과거 당시의 문화(culture)를 모르면 이해할 수 없고, 또한 현대적 시각을 가지고 보지 못하면 높은 점수를 얻을 수 없다며 우리들에게 과거 속으로 들어가 당시 왕들과 대화를 하면서 수업을 하자고 하셨다.

1학기가 끝났을 때쯤 결과는 대단했다. 학교 전체 평균점수가 모의고사에서 전국 1,2위를 다퉜고 반절 이상 만점자가 나왔다. 지금도 고등학교 동기들을 만나면 국사 선생님 얘기를 자주 한다. 인문학의 원리와 인문학적 소양을 갖도록 깨우쳐 준 선생님에 대해 고맙다는 얘기들이다.

해석학으로 유명한 독일의 철학자 가다머(Hans-Georg Gadamer)는 역사가 과거와 현대를 관통하는 어떤 보편적이고 고정불변의 원리에 근거했다는 이론을 뛰어넘어 과거와 현대의 만남으로서 발생하는 새로운 해석의 가능성에 주목했다. 과거의 역사는 현대인에게 어떤 질문을 던지고 현대인은 과거 역사에 과거의 의미가 아니라 현재와 관련된 의미를 물으면서 끝없는 문답을 주고받을 때 역사 해석이 더 정확할 수 있다는 것이다.

이와 같이 역사를 특정 의미로 고정시키는 것이 아니라 과거와 현대의 지평융합을 통해 어떤 하나의 개념으로 이해하는 것이 가다머가 말한 지평융합이다. 지금 생각해 보니 40여 년 전 국사 선생님은 가다머의 지평융합을 정확히 이해하고 계셨던 게 분명했다.

우리 사회는 4차산업혁명과 함께 융합의 시대를 맞이하고 있다. 그러나 우리가 말하는 융합이란 학문과 학문, IT와 산업 등 대부분 학문과 기술 분야에서 현실과 현실이라는 구조 속에 갇혀 있는 것 같아 안타깝다.

이제 우리 사회가 가다머의 지평융합 이론을 벤치마킹하여 과거와 현대의 대화를 통한 새로운 역사의식을 고취하고 새로운 미래비전을 만들어 갈 수 있기를 바란다. 고전 예술품이나 고대 건축물을 볼 때도 지금까지 내려오는 객관적인 사실이나 정보를 뛰어 넘어 현대 개념을 가지고 과거 상황 속으로 들어가 대화를 하면서 이해도를 높이면 좋겠다.

정부도 기업도 사회도 개인도 모두 가다머(Hans-Georg Gadamer)의 지평융합에 관심을 가질 때다.

생각 연습

가시적인 현대의 소통(대화)도 중요하지만, 비가시적인 과거와 미래와의 소통(대화)도 중요하다는 생각을 해 본다.

나의 생각

....

....

....

....

102
거시기

"거시기 가서 거시기 사 올래?"

50여 년 전쯤 전라도 시골 마을 어머니들이 자식에게 심부름을 보내면서 자주 하시던 말이다. 그러면 자식은 아무 대꾸도 없이 가게에 가서 어머니가 원하는 것을 잘도 사온다. 이미 어머니에게 어떤 물건이 필요하다는 상황을 잘 알고 있는 자식이기에 가능할 수 있었을 것이다.

나라 전체에 메시지를 전하는 신문이나 방송은 표준어를 써야 하지만, 같은 지역에 사는 사람끼리 대화할 때나 특히 가족 간의 대화에서는 방언이 더 정감 있고 편하며 빠른 의사소통의 수단이 된다.

거시기는 원래 호남지방을 대표하는 방언이었지만 지금은 충청도와 경기도에서도 자주 사용하는 표준어다. 적절한 말이나 단어가 얼른 생각나지 않거나 상대방에게 분명하게 적시해 말하기에는 난처하거나 어색하다고 생각될 경우 전천후로 쓰는 말이 거시기다. 특히 누군가에게 직접적인 단어로 말하기 어색한 분위기에서 거시기를 사용함으로 난감한 상황을 모면할 수 있다.

오래전 상영된 영화 '황산벌'에서 백제의 의자왕이나 계백 장군, 그리고 백제의 군사들은 시도 때도 없이 '거시기'를 자주 사용했다. 이때 계백 장군이 평범하게 말한 거시기가 무슨 뜻인지 이해하지 못한 신라군이 당황한 것처럼, 거시기는 단순히 생각나지 않을 때 하는 말을 뛰어넘어 제3자가 알아듣지 못하도록 하는 비밀스러운 대화에도 사용된다.

이토록 많은 뜻을 포괄하며 함축하고 있는 거시기는 내가 젊었을 때 애지중지했던 습작노트 표지 제목이기도 하다. 당시는 거시기가 전라도 방언으로 사람들이 사용하기를 꺼려했지만 나는 거시기라는 단어가 나의 상상력을 키워 주고 발상의 전환을 끌어내는 마중물이라 생각했기에 자신 있게 사용할 수 있었다. 아마 대학 때 친하게 지낸 동기들은 지금도 당시 내 노트 표지에 쓰여 있던 거시기를 기억하고 있을 것이다.

생각 연습

거시기가 지금은 표준어이니 자신 있게 사용해도 될 것 같다.

나의 생각

103
전자시계

올해 초 거실에 걸려 있는 시계가 자주 고장 나 벽걸이 전자시계를 구입했다. 그런데 시계 사이즈가 너무 커서 반품할 생각으로 방치했다가 아침 운동 때 시간 체크하는 게 불편해 그냥 달게 되었다.

처음 1개월 정도는 거실에 맞지 않는 큰 규격의 전자시계가 영 마음에 들지 않았다. 거실에 어울리지 않게 큰 것도 문제지만 전자시계에서 나오는 붉은 빛이 너무 강해 네온사인을 방불케 했기 때문이었다.

그러나 10개월이 지난 지금 나는 벽걸이 전자시계에 대해 너무 감사함을 느끼고 있다. 전에는 시간 개념이 5분쯤은 가볍게 생각할 정도로 약했고, 그래서 아침 운동할 때나 출근할 때 대충 어림잡아 적당한 시간에 맞춰 움직였는데, 지금은 1분까지도 정확히 구분하여 시간의 소중함을 느끼고 있기 때문이다.

이제 우리 집 거실에서 가장 눈에 잘 띄는 전자시계는 어떤 가구보다 우리 가족에게 정확한 시간개념을 갖게 해 주고 있는 중요한 가구가 아닐 수 없다.

우리가 살고 있는 공간에 무엇이 가장 좋은 위치에 가장 눈에 띄게 있느냐에 따라 그 공간의 구성원들의 생활패턴과 방향성을 알 수 있겠다는 생각을 해 본다. 우리의 마음속에서도 가장 큰 생각이 무엇인지 그리고 그 생각이 나에게 어떤 영향을 주고 있는지 잘 점검해 보고 우리 삶의 방향성을 찾아봐야 할 것이다.

하루라는 공간 속에서도 하루의 거실에는 무엇이 가장 크고 가장 좋은 위치에 있는지 역시 점검해 볼 일이다. 현재 대한민국 거실에서 가장 눈에 띄는 것은 아마도 통일을 염원하는 한반도기일 것이다.

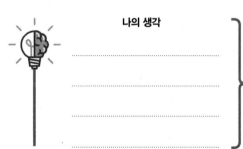

생각 연습

혹시 거실에 어두운 그림이나 의미도 없는 가구가 가장 크거나 가장 좋은 위치에 놓여 있다면 지금 바로 희망적인 것으로 대체하면 어떨까?

나의 생각

....

....

....

....

104
사셸왕 이야기

Once upon a time in Africa, 인구 100만 명이 살고 있는 작은 아왕국의 사셸왕 이야기다. 사셸왕은 왕위에 오르자 살인과 도둑질과 강간 등 온갖 죄로 가득한 아왕국을 바로잡기 위해 묘안을 만들어 발표했다. 나라가 온통 죄악으로 가득하니, 나라 전체의 죄를 용서받기 위해 매해 1월 1일에 나라의 수호신인 사자에게 나라 전체의 죄를 대신할 수 있는 흠이 없는 10세 미만의 아이를 제물로 바치겠다는 내용이었다.

사셸왕의 왕국 속죄 방법이 발표되자 국민들은 나라 전체의 죄가 없어진다는 생각에 대환영했고 사셸왕의 아왕국 사랑에 감탄했지만, 얼마 가지 않아 매년 12월에 수호신에게 바쳐질 제물로 자기 자식이 뽑히지 않을까 하는 걱정에 국민들의 마음은 여간 불안하지 않을 수 없었다. 그러나 사셸왕의 왕국속죄 방법은 국민들 각자가 죄를 지으면 그 죄가 모여서 나라 전체의 죄가 되고 그로 인해 누군가의 자식이 희생되어야 한다는 국민 정서를 만들었고, 결국 해를 거듭하면서 왕국의 죄가 줄어들게 되었다.

무엇보다 사셸왕 전까지는 왕국이나 개인이 죄를 지으면 신이나 왕의 용서로 죄가 사해졌지만, 사셸왕 때부터는 신이나 왕의 용서와 상관없이 죄 지은 왕국이나 개인이 벌을 받거나 아니면 누군가가 대신 댓가를 치러야 한다는 원칙이 상식으로 통하기 시작했다.

사셀왕 5년에 드디어 아왕국 전체에 죄가 없어지고 또한 어떤 일이든 반드시 책임을 지는 사회 분위기가 형성되자, 사셀왕은 왕국의 죄에 대한 댓가로 어린아이 대신 흠 없는 염소를 제물로 바쳤다. 그 후 아프리카의 작은 아왕국은 사셀왕의 지혜 덕에 죄가 없고 공의로운 왕국으로 오랫동안 태평성대를 누렸다.

현대 국가도 살인, 사기, 절도 등 온갖 범죄로 가득하며, 죄를 지은 개인은 벌을 받게 된다. 그러나 나라 전체의 죄나 공공의 죄에 대한 댓가는 치르지 않고 넘어가는 경우가 많다.

개인의 죄는 철저하게 다루지만 공공의 죄는 대충 넘어가는 게 문제다. 그래서 화합이 안 되고 통일이 안 되는 이유도 될 것이다. 군대에서 훈련 시 병사 한 명만 잘못해도 전체에 얼차려를 주는 것 또한 사셀왕의 묘안과 같은 맥락이다. 전체뿐만 아니라 개인의 죄에 대해 전체가 그 댓가를 치르게 하는 것도 사셀왕의 교훈이다.

우리도 대한민국 전체의 죄에 대한 댓가를 어떻게 치러야 할지 고민해 볼 일이다.

생각 연습	나의 생각
아왕국의 사셀왕 이야기는 구약성서에 나오는 '아사셀 염소'에서 힌트를 얻어 만들어 낸 가상의 이야기이다. 아왕국처럼 전체의 죄도 그 댓가를 치러야 더 공의로운 사회가 되리라 생각해 본다.	

105
모임

우리는 누구나 사회라는 거대한 울타리 안에서 가정이나 직장 같은 작은 사회의 구성원으로 살아간다. 특히 혈연과 지연을 중시하는 한국 사회 속의 작은 사회(집단)는 한 개인의 정체성(Identity) 형성에 많은 영향을 끼친다.

사회는 개인이 아니기에 모임과 헤어짐을 반복한다. 우리 사회는 가정이나 직장같이 매일 모이고 헤어지는 집단에서 한 주나 한 달 단위 아니면 불규칙적으로 모이는 집단에 이르기까지 수많은 모임과 헤어짐을 지속하면서 성장한다. 사회 모임에서도 직장이나 사회단체 같은 이기적 모임보다는 가정이나 동창회 같은 이타적인 모임이 건강해야 더 아름다운 사회가 될 것이다.

이타적인 모임은 구성원들이 모여서 힘을 얻는 곳이지 밖에서 각 구성원이 얻은 힘을 뽐내고 발산하는 곳이 아니다. 이타적인 작은 사회는 신분, 학력, 빈부의 차가 없는 평등하고 행복한 공동체이어야 하기 때문이다. 이기적인 모임은 모이는 곳이 경쟁해야 하는 삶의 전쟁터이지만, 이타적인 모임은 흩어져서 경쟁할 에너지를 충전하면 되는 삶의 충전소 같은 곳이다.

요즘은 사회 발전과 함께 각종 모임이 많아져 11월부터 송년모임을 하지 않으면 안 되는 시대가 됐다. 송년모임 중에서도 동창회는 1년에 한 번 모이는 모임으로 가장 전형적인 이타적인 모임이 아닐 수 없다. 그러기에 동창회는 회원들 각자가 자신의 에너지를 자랑하거나 과시하는 이기적인 곳이 아니라 학창시절로 돌아가 옛 추억을 나누며 새로운 에너지를 얻는 이타적인 모임이 되어야 한다.

지난주 토요일 부부동반 송년모임으로 안면도에 다녀왔다. 회원들 대부분이 정년퇴임을 했거나 눈앞에 둔 친구들이 많아서 거창한 미래를 논하고 유익한 정보를 나눌 줄 알았는데, 우리는 35년 전으로 돌아가 아무 격식 없이 논쟁도 하고 서로의 과거를 이야기하고 꿈 많은 학창시절을 되새기며 돌아왔다.

안면도 모임에서 우리는 어느 누구도 자신이 직장이나 사업장 같은 이기적인 사회에서 얻은 에너지를 모임에서 과시하지 않았고, 오히려 1박2일 동안 서로 동화되면서 밖에 나가서 쓸 젊은 피 같은 에너지를 얻었을 뿐이다.

모였을 때 에너지를 얻을 것인가 아니면 발산할 것인가, 그 선택이 중요하지 않을 수 없다. 전자는 이타적인(Gemeinschaft)이고 후자는 이기적인(Gesellschaft)이다.

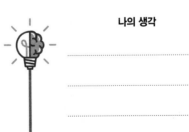

생각 연습

송년회 특히 동창회가 에너지를 자랑하며 쓰는 곳이 아니라 에너지를 충전하는 모임이 되면 좋겠다.

나의 생각

....

....

....

....

106
핵심감정과 긍정의 배신

　자기계발서『긍정의 힘』저자 조엘 오스틴(Joel Osteen) 목사는 사람은 신앙 안에서 믿는 대로 된다는 긍정적인 마인드로 잠재력을 끌어낼 수 있고, 그 잠재력에 의해 기적까지 만들어 낼 수 있다고 말한다. 이에『긍정의 배신』의 저자 바버라 에런 라이크(Barbara Ehrenreich)는 자본주의와 공생관계를 갖고 있는 긍정 마인드는 잘못됐다고 지적하면서, 우리가 믿는 것이나 소망하는 것은 생각일 뿐 현실은 현실이라며 결국은 긍정 마인드가 상황을 악화시킨다고 강조한다. 어제 포항에서 만난『핵심감정 탐구』의 저자 '노승수' 박사 역시 사람뿐만 아니라 우리 사회나 기업의 긍정 마인드가 사회 발전과 기업 성장에 큰 영향을 끼쳤지만, 긍정 마인드가 잘못된 관행이나 위기까지 보듬다 보니 오히려 악영향을 주었다고 주장했다. 저자는 핵심감정은 사랑받고 인정받고 싶은 욕구가 좌절되었을 때 주로 일어나는 심리학적 감정으로 부담감, 경쟁심, 억울함, 불안, 두려움, 열등감, 슬픔, 무기력, 허무 등이 있으며, 이를 극복하기 위해서는 긍정의 힘보다는 긍정의 배신 입장에서 그 뿌리를 찾아 훈련과 치료를 통해 해결해야 한다고 말했다.

　목사이자 상담가이기도 한 저자는 기독교 특히 대형교회가 지금까지는 긍정 마인드를 동원해 부흥하고 성장했지만 이제는 긍정적인 입장뿐만 아니라 잘못된 부분까지도 알리고 치료해야 한다고 지적했다. 또한 기독교심리학이 신학체계에 적용되면서 긍정적인 부분에만 국한된 것이 결코 바람직하지 못했다고 지적하기도 했다. 우리 주변에도 핵심감정과 함께 위기가 많이 발생하는데, 우리가 어떻게 대처해야 할지 그 해답을 '핵심감정 탐구'의 교훈에서 찾으면 어떨까?

기업이 부도 위기에 놓일 때, 대부분의 기업은 '위기는 기회다'며 위기 자체를 해결하기보다는 새로운 기회를 찾는 데 초점을 맞추다 결국 그 기업이 무너지는 것을 본다. 바로 기업이 긍정적인 마인드로 닥치는 위기를 직시하지 못한 데서 오는 실패가 아닐 수 없다. 기업은 부도 위기가 오면 일단 위기의 원인을 잘 분석하고 긍정의 배신 원리로 그 위기를 해결하기 위한 최대의 노력을 통해 먼저 위기를 극복해야 한다. 위기를 잘 극복하려는 노력이 있는 기업만이 새로운 기회를 얻을 수 있다. 우리 사회도 고통과 함께 핵심감정이 곳곳에 만연해 있다. 잘못된 관행과 습관이 만들어 낸 사회적 핵심감정과 행복한 사회를 만들어 가기 위한 정치적 문화적 핵심감정이 동시에 존재하고 있다. 잘못된 관행이나 습관으로 인한 핵심감정은 '징계'의 의미로 긍정의 배신 원리를 적용하고, 미래 비전을 만들어가기 위한 고통은 '연단'의 의미로 긍정의 힘 원리를 적용해서 이겨 내야 할 것이다.

생각 연습

혹시 고통이나 위기로 인해 생긴 핵심감정이 있다면, 긍정의 배신 마인느로 해결하면 좋겠다.

나의 생각

....

....

....

....

107
험지 생존법

한 분야에서 누구보다도 두각을 나타내며 꽤 성공한 두 명의 회사 중역을 만났다. 한 명은 30년 동안 세계적인 영국 석유회사의 한국지사에서 근무하고 있는 지사장이고, 다른 한 명은 국내 굴지의 대기업 부사장이다.

지사장은 한국 실적이 좋지 않아 필리핀 지사로 좌천되어 가족과 떨어져 살 일이 걱정이라 했고, 부사장은 33년 동안 회사의 한 부문을 국내 최고로 만들었지만 외부적인 요인으로 인해 잠시 보직변경 명령을 받았다고 했다. 본인들은 애써 현재 상황을 편하게 받아들이는 것 같았지만, 내 느낌으로는 위 두 명의 회사 중역은 험지로 몰리고 있음이 분명했다.

험지는 평온하거나 안정적인 곳이 아닌 위험하고 불안한 곳이지만, 그렇다고 험지가 다 나쁜 곳만은 아니다. 험지에서 슬기롭게 어려움을 잘 극복하면 더 나은 곳으로 갈 수 있는 기회를 얻을 수 있고, 또한 자신을 돌아보는 시간을 가질 수 있기 때문이다.

오래전 인터넷으로 영화 '마션'을 감상했던 적이 있다. 화성 탐사를 갔다가 불의의 사고로 화성에 혼자 남은 주인공의 생존법칙이 인상적이었다. 그는 식물학자였기에 감자를 과학적으로 재배하여 식량으로 사용했고, 수 백일을 버틴 후 결국 구조될 수 있었다.

위 두 명의 중역도 영화 '마션'의 주인공으로부터 교훈을 얻으면 좋겠다. '마션'의 주인공은 사람이라곤 한 명도 없는 화성에서 홀로 생존법을 고민했고, 자신이 식물학자라는 장점을 찾아 활용했다. 두 중역 역시 각자 30여 년 동안 갈고 닦은 자신만의 놀라운 능력을 가지고 있을 것이다.

그 능력을 통해서 험지에서 살아나는 방법을 터득하고 자신만의 무기를 가져야 한다. 그리고 이번 기회에 '마션'의 주인공이 그랬듯이 생존의 해답을 회사가 아닌 본인 스스로부터 찾아보는 게 더 현명할 것이다.

우리 현대인 모두도 사실 험지에 살고 있다. 남에게 의지하지 않고 내가 가진 장점을 개발해야 살아남는 시대다. 그래야만 '마션'의 주인공에게 구조의 손길이 오듯, 우리에게도 희망이 올 것이다.

구조가 먼저 오지 않는다. 나 홀로 살아남는 게 먼저다.

'마션'의 교훈이다.

생각 연습

힘들고 어려운 환경에 처한 분이 있다면 영화 '마션'을 꼭 보면 좋겠다. 모든 문제는 내가 행동하는 것이 첫째 해결책이다. 행동하지 않으면 아무것도 해결할 수 없다.

나의 생각

108
BTS

BTS는 영어가 아니다. BTS는 한국어다. BTS는 한국어 '방탄소년단'을 영어로 표기(BANGTANSONUNDAN)한 기호일 뿐이다. 미국과 유럽을 돌며 케이팝 '제왕'의 면모를 확실히 각인시키며 월드투어의 대미를 장식한 BTS(방탄소년단)의 인기가 하늘을 치솟고 있다. BTS 열풍의 끝이 어딘지 보이지 않는 요즘 해외동포들 뿐만 아니라 국내에 거주하는 우리 국민들 또한 자부심이 대단하다.

모 증권사 연구원은 한류의 성공 원인을 한국의 정서나 사회 관점에서도 찾아볼 수 있지만, 국내 유학생 증가와 한글이라는 언어에 대한 관심이 한국 문화 전반으로 확산된 데서도 그 원인을 찾아볼 수 있다고 말했다. 국립국제교육원에 의하면 한국어능력시험(TOPIK) 응시자는 1997년 첫 해 2,692명에서 2000년대 한류 바람을 타고 늘어나기 시작해 2017년 29만638명으로 20년 만에 108배가량 증가했다고 한다.

지금까지는 동남아 국가에서 주로 취업을 위해 TOPIK에 응시했지만 금번 BTS 월드투어 열기를 보니, 앞으로는 전 세계에서 한국 문화와 음악을 배우기 위한 TOPIK 응시자가 더 많아질 것으로 예상된다.

한글을 자국어로 보유하고 있는 대한민국의 한글 위상이 얼마나 대단한

지 이제부터 그 위력을 우리가 기대해도 좋을 것 같다. 만약 방탄소년단이 BTS를 BT Boy's Club으로 표현해야 세계무대에서 통했다고 생각하여 BTS를 사용하지 않고 BT Boy's Club으로 사용했다면 어땠을까?

불과 얼마 전까지만 해도 전 세계를 누비던 소녀시대였지만 외국에서 SNSD보다는 Girl's generation로 더 많이 알려졌고, 싸이나 비 역시 본명 박재상(PJS)이나 예명 비(Bi)보다는 미국식 이름 Psy와 Rain으로 더 많이 알려졌음을 볼 때, BTS의 한국식 사용을 우리가 간과해서는 안 된다.

지금도 세계 공용어인 영어로 표기할 때 고유명사는 자국어로 사용하고 뒤에 붙는 특징적인 단어는 영어로 사용하는 편이다. 서울국립대학교병원의 경우 서울은 한국식으로 표기하나 국립대학교와 병원은 미국식으로 표현하여 SNUH(Seoul National University Hospital)라고 표기한다. 그러나 한국에 세계적인 병원이 많고 의술이 뛰어난 의사가 많다면 전 세계는 서울국립대학병원을 BTS처럼 SKDB(Seoul Kuklip Daehak Byongwon)로 표현할 것이다. 그리고 '서울국립대학병원'이라고 읽을 것이다. 최근까지 미국 내 한국교포들의 경우 성은 한국 성을 사용하나 이름은 미국 이름을 가진 자가 많았지만, 앞으로는 이름까지도 한국 이름을 사용하는 자가 더 많아지리라 생각된다. BTS 열풍을 바라보면서 상상해 본 한글의 위력이다.

생각 연습

한류의 확산과 함께 전 세계 각지에서 한글이 많이 사용되는 날이 곧 올 것으로 기대해도 좋다.

나의 생각

....

....

....

....

109
실제존재상황

실존주의 철학의 대가 샤르트르는 실제존재상황을 인식하여 적용하는 효도 방법을 제시했다.

사람이 잠자는 모습은 죽은 모습과 가장 흡사하다고 한다. 그래서 부모님이 주무시고 계시는 침실에 들어가 무릎 꿇고 5년이 될지 10년이 될지 알 수 없는 부모님의 죽음을 현실로 받아들이고 부모님의 얼굴을 바라보면, 대부분 눈물을 흘리며 효도하지 못했던 자신을 발견하게 되고 효도하겠다는 결심을 하게 된다.

현재 이루어지지 않은 미래의 상황을 현재 실제 존재하는 상황으로 인식할 때 본질의 깊이와 폭이 더 커진다는 실존주의 철학의 좋은 예라 할 수 있다.

오래전 중고등부 학생들과 양평으로 수련회를 갔을 때도 실제존재상황 인식을 응용해서 미리 겪어보는 죽음을 통해 새로운 삶을 다짐하게 되는 프로그램을 가진 적이 있다. 학생들 스스로 만든 묘비를 세워 놓고, 모형 관에 들어가 누우면 못질을 하고 모형 관을 미리 파 둔 웅덩이에 넣어 흙을 뿌리는 방식으로 진행되는 모의 장례식이었다.

모의 장례식이 끝나고 나온 학생들 대부분은 엉엉 울면서 지금까지 잘못 살아온 자신을 발견했고 결국은 앞으로 새롭게 거듭난 모습으로 살겠다고 다짐을 했다.

위 두 가지 예에서는 아직 일어나지 않은 미래의 시점에서 죽음이라는 가장 큰 사건을 실제존재상황에 적용했지만, 이미 일어났던 과거의 사건도 현재 상황으로 인식하여 본질의 의미를 더 깊고 넓게 알아가는 법을 터득하는 것도 좋을 것 같다.

만약 우리가 100세까지 산다고 가정하면, 지금까지 살아온 과거의 시간이나 사건 뿐만 아니라 아직 남은 미래의 시간이나 사건까지도 현재 상황으로 가져와서 실제존재상황 인식을 통해 더 풍성하고 아름다운 100세 인생으로 살아가야 하지 않을까?

생각 연습

혹시 연세 많은 부모님이 계시다면 주무시는 모습을 꼭 관찰해 보면 좋겠디.

나의 생각

....

....

....

....

110
증인
(Witness)

여의도 모 식당에서 무역회사 장 사장과 관세사 최 사장과 함께 식사자리를 가진 적이 있다. 당시 장 사장은 미국에서 수입한 식품이 통관절차가 힘들어 납품에 차질이 생겼다며 최 사장에게 2일 안에 통관해 주면 통관경비 외 2,000만원을 더 주겠다는 약속을 했다. 그 후 최 사장의 도움으로 장 사장은 통관을 기한 내에 할 수 있었지만, 장 사장은 최 사장에게 통관경비만 주고 2,000만원은 주지 않자 법적 소송까지 가게 됐다.

당시 나는 최 사장과 친하기도 했지만, 통관이 늦어지면 2억 정도 클레임이 걸린다며 최 사장에게 부탁을 했던 장 사장이 괘씸하다는 생각이 들어 법정에 증인으로 나가 사실대로 진술했다. 두 달쯤 후 법원은 나에게 위증죄 판결과 함께 벌금 70만원을 내라는 통보를 해 왔다.

당시 아는 법조인에게 상담을 했더니, 위증죄가 성립된다며 다음과 같이 진술했어야 위증죄도 면하고 최 사장도 이길 수 있었다고 조언해 줬다. "장 사장과 최 사장이 무슨 약속을 하는 걸 들었지만 정확히 듣지 못해 최 사장에게 무슨 약속을 했냐고 물어보니, 2일 안에 통관해 주면 장 사장이 경비외 2,000만원을 더 준다고 했다고 들었다"라고 진술했어야 했다.

나는 법정에서 어느 한쪽 편에 서는 증인의 편파적인 진술 때문에 위 조언에 대해 이해는 되지만, 그래도 올바른 증인의 진술이 사장되는 것 같아 지금도 아쉽게 생각하고 있다.

고대시회에서는 과학이 발달하지 못했고, 대부분의 다툼이 사람과의 관계에서 일어났기 때문에 증인의 영향력이 대단해서 증인은 증거물 그 자체였다. 증인이 재판에서 중요한 만큼 재판 당사자는 약한 처벌을 받더라도 위증한 자는 사형을 면치 못했다. 또한 고대사회에서는 당사자 외 증인 두 명 이상이 진술하면 그 현장에 없었던 사람들도 그 현장에서 일어난 일을 실제 일어난 사실로 인정해 주었다.

성경에 의하면 예수님도 변화산에 올라가서 기적을 행하실 때 제자 두 명을 데리고 올라가신 것을 알 수 있다. 물론 당시는 신화가 과학이고 종교가 과학이기에 가능한 일이기도 했지만, 지금보다는 거짓이 없는 사회였기 때문에 가능했을 것이다.

사실 법적 잣대로 판단하여 판결을 내리는 유능한 판사보다 올바른 진실을 말하는 증인의 판단이 더 정확하지 않을까?

생각 연습

혹시 증인으로 법정에 나가게 된다면 위 법조인의 조언을 꼭 명심하기 바란다. 법정이나 우리 사회 속에서 증인이 굉장히 중요하다는 생각을 해본다.

나의 생각

....

....

....

....

111
DMZ, 오계, 25시

한반도는 세계에서 가장 굵은 4km폭의 선이 남한과 북한을 구분하고 있다. 행정상의 구분선이 있지만 그 선을 기준으로 남과 북이 2km씩 떨어져 경계선을 쳐 놓고 있으며, 그 공간이 DMZ(비무장지대)이다. DMZ는 지난 65년 동안 전쟁이 멈췄지만 끝나지 않은 절망의 공간이자 단위 면적당 지뢰가 가장 많이 묻혀 있는 공간으로, 남과 북이 대치된 한반도의 상황을 가장 잘 알려 주는 공간이자 선이기도 하다.

노석현의 자선전작 소설 오계(五季)는 한센병에 걸린 이후 소록도에서의 수용소생활과 소록도 탈출 후 거리에서의 방랑생활이 이 세상에 존재하지 않는 다섯 번째의 계절로 한센병 환우들의 처절한 삶과 절망적인 모습을 그리고 있다. 게오르규(Gheorghiu)의 '25시'에서도 25시가 인류의 구원이 끝난 시간, 즉 절망의 시간으로 당시 서구사회를 단적으로 나타내고 있다.

위에서 언급한 DMZ, 오계, 25시는 사람이 실제로 사용할 수 없는 공간, 계절, 시간으로 절망이라는 공통점을 갖고 있다. 그러나 현대사회에서 오계와 25시는 그 의미가 절망이나 처절함에서 서비스나 섬김의 의미로 변했다. 25시의 경우, 그 의미가 24시(밤 12시)가 지난 후의 서비스 개념의 시간으로 사용되고 있다. 또한 하루와 하루 사이에 존재(?)하는 시간까지도 놓치지 않고 서비스 하겠다는 의미도 내포하고 있으며, 그래서 더 정성껏 섬기겠다는 뜻을 담고 있다.

그 결과 'GS 25시' 나 '옥션 25시' 같은 브랜드가 세상에 나오기도 했다. 오계 역시 처절한 계절이 아닌 한 해로는 부족할 정도로 더 열심히 최선을 다하겠다는 의미의 계절로 서비스와 섬김의 의미로 사용되고 있다. 그러나 DMZ는 여전히 휴전과 분단의 상징으로 남아 있어 아쉬울 뿐이다.

오늘 평양에서 10.4선언 11주년 기념 민족통일대회가 열리는데, 모든 행사가 휴전과 분단을 뛰어넘어 세계평화를 상징하는 DMZ의 위상을 높이는 밑거름이 되리라 믿는다.

DMZ는 사람의 손이 닿지 않은 곳으로 우리가 모르는 사계(四季)를 뛰어넘은 오계(五季)의 자연의 모습이 존재하는 곳이고, 한시도 놓치지 않고 경계선을 지키는 군인들에 의해 24시를 뛰어넘어 25시가 존재하는 곳으로, 전세계를 향해 평화라는 가치를 서비스하고 세계평화를 위해 섬기는 공간으로도 충분한 가치가 있음이 확실하다.

생각 연습

머지않아 DMZ(비무장지대)가 세계 속에서 대한민국의 위상을 높여 주리라 믿는다.

나의 생각

....

....

....

....

112
아름다운 비행
(FLY AWAY HOME)

여행 중이던 에이미는 교통사고로 엄마를 잃고 아빠 토마스와 10년 만에 만나 다시 고향을 찾는다. 엄마를 잃은 슬픔과 좁혀지지 않는 아빠와의 거리 사이에서 방황하던 에이미는 늪 주위를 거닐다 미처 부화하지 못한 야생 거위 알을 발견한다. 집으로 옮겨진 거위 알들은 에이미의 따뜻한 손길 속에서 귀여운 새끼 거위들로 태어난다.

세상에서 가장 먼저 본 에이미를 어미 새로 알고 있는 거위들은 오로지 에이미의 곁에서 쉬거나 그녀의 행동만 따라한다. 서로 엄마가 없는 상황에서 에이미는 16마리 거위의 작고 소중한 엄마가 된다. 에이미는 거위들이 추위가 오기 전 따뜻한 남쪽으로 보내기 위해 자신이 직접 경비행기 운전을 배우기까지 하면서 정성으로 훈련을 시켜 결국 거위들을 멋지게 날게 하는 데 성공한다.

어제 유은혜 사회부총리 겸 교육부장관이 대통령으로부터 임명장을 받는 모습을 방송으로 보면서 에이미를 생각해 봤다. 유 신임 장관은 미래 교육의 방향은 사람이라며, 곧바로 미래교육 계획안을 마련하겠다고 했다.

현재 우리 교육부에는 대입제도 개편, 고교학점제와 내신 절대평가제, 유치원 방과 후 영어교육 금지, 전교조 법외노조 문제 등 현안 문제가 많이 쌓여 있지만, 이 모든 것은 학생들이 사회에서 아름다운 비행을 할 수 있도록 전인적인 사람을 훈련시키는 데 초점이 맞춰져야 된다고 생각한다.

교육부 현안을 현재 사회적 물의를 일으키는 요소로만 봐서는 정치적 포플리즘에 빠질 수 있다. 15년 후 사회에 진출할 초등학생들과 10년 후 사회에 진출할 중학생들과 6년 후 사회에 진출할 고등학생들과 3~4년 후에 사회에 진출할 대학생들의 아름다운 비행을 위해 교육부 수장으로서 어떤 미래 교육 계획안을 만들어야 할지 그 해답을 아름다운 비행 관점에서 보면 좋겠다.

국가나 단체나 기업이나 어떤 조직이든지 그곳의 대표는 에이미의 사랑과 헌신의 정신을 거울삼아 공동체 전체가 아름다운 비행을 할 수 있도록 최선의 노력을 다해야 할 것이다.

생각 연습

아름다운 비행은 오래전에 본 영화지만 지금도 마지막 장면이 생생하다. 사회적 약자들를 위해 노력하는 시민 단체의 사랑과 헌신에 박수를 보내는 사회가 되면 좋겠다.

나의 생각

....

....

....

....

113
적외선-가시광선-자외선

눈으로 볼 수 있는 파장의 가시광선(빨주노초파남보) 밖에 존재하는 빛 중 빨간색 바깥쪽의 빛을 적외선, 보라색 바깥쪽의 빛을 자외선이라 한다.

적외선은 열을 발하여 따뜻하게 할 뿐만 아니라 세포분열을 촉진하는 작용으로 지구상의 모든 생명체를 살리는 중요한 역할을 한다. 자외선은 화학선으로서 세포를 파괴하거나 살균작용을 할 뿐만 아니라 의학계에서도 유용하게 이용되고 있다.

창조과학회에 의하면, 노아의 홍수사건 때 궁창이 뚫린 이후 사람의 수명이 짧아졌다고 한다. 여기서 궁창은 오존층(O_3)이고 그 오존층이 뚫리면서 자외선이 무단 방출되었으며, 결국은 지구가 온실효과에서 벗어나 세포가 파괴되었기 때문에 수명이 짧아졌다고 설명한다.

노아시대 이전에는 궁창이 자외선을 차단하는 역할을 하여 지구가 온실과 같은 환경으로 사람이 평균 900세까지 살 수 있었으며, 공룡 같은 거대한 동물이나 거대한 식물군이 형성될 수 있었다 한다. 노아 이전의 사람 평균수명이 900세였는데, 그 이후 급격히 떨어지는 것으로 볼 때, 창조과학회의 해석이 매우 설득력이 있다고 생각된다.

사랑과 공의의 관계가 적외선과 자외선의 관계와 흡사하다는 생각을 해 본다. 적외선이 생명을 살리는 것처럼, 사랑이 우리의 모든 것을 용서하고 우리를 살리고, 힘이 나게 하고 자외선이 생명을 죽이기도 하고, 살균도 하고, 치료하기도 하는 것처럼, 공의가 사람을 정죄하기도 하고 우리에게 죄를 알게 하고, 올바르게 살게 한다.

가시광선이 적외선과 자외선 사이에 있듯이, 보이는 이 세상이 보이지 않는 사랑과 공의 안에 있는 듯하다.

생각 연습

가시적인 가시광선과 비가시적인 적외선, 자외선을 생각하며, 우리의 삶이 비가시적인 가치를 추구해야 할 이유를 발견하게 된다.

나의 생각

....

....

....

....

114
숙부님의 제안

　추석연휴 기간 동안 초등학교 1학년 때부터 성묘다녔던 추억을 들춰보다 작은 시골마을에서 벌어졌던 사건이 떠올랐다. 나는 추석날 명절이나 제사에 한 번도 빠지지 않고 고향을 찾으시는 숙부님과 사촌들과 함께 새벽에 출발하여 오후 늦은 시각에 집에 도착하곤 했다. 숙부님은 마을에 도착한 후 어김없이 나를 데리고 우리 마을 두 형제의 가정을 방문하셨다.

　두 가정은 돌담을 사이에 두고 이웃해 있는 가정으로, 형 K1아저씨는 열심히 일해서 꽤 잘 사는 편이고 성격도 온순하며, 동생 K2아저씨는 마을에서 제일 가난하고 성격도 난폭하여 남과 타협도 하지 않는 독불장군이었다. 그런데 이 두 형제는 추석만 되면 마을 사람들이 다 보는 데서 큰 싸움을 하였고, 숙부님은 이를 말리기 위해서 두 가정을 찾곤 하셨던 것이다. 결혼 전까지는 서로 좋은 사이였지만 결혼 후 분가하면서 K1아저씨는 처가의 도움으로 안정적인 생활을 했고 K2아저씨는 가난에서 벗어나지 못하면서 사이가 나빠졌다 한다.

　숙부님의 말씀에 의하면 부모의 땅을 반절 나누어 형제가 살고 있는데 경계가 잘못되었다고 추석만 되면 싸우고, 형은 동생에게 마을 챙피하게 싸움만 한다고 비난하고 동생은 형이 처가살이한다고 불만이 많아 평소에도 자주 싸운다고 했다. 언젠가 형 K1아저씨 가정을 방문한 숙부님께서 K1아저씨에게 동생을 달래 봐도 안 되고 도움을 일체 끊고 압력을 가해도 동생이 정신을 못 차리니, 마을 이장에게 말해서 마을회의를 소집해 동생 K2아저씨와 마을 사람들이 거리를 두게 하고 품앗이도 못 하게 하면서 스스로 뉘우치게 하는 게 어떠냐고 제안하셨다.

그 후로 마을회의가 열렸고 마을 이장의 강력한 주장에 의해 K2아저씨는 궁지에 몰렸다. 결국 K2아저씨는 자신의 잘못을 뉘우치고 형과도 화해했으며 지금도 행복하게 살고 있다. 어제 K1아저씨 아들과 통화했는데, K1아저씨와 K2아저씨가 사이좋게 중국여행을 다녀왔다고 자랑했다.

남한과 북한 그리고 강력한 UN제재에 의한 북한의 변화가 금번 추석연휴 추억의 사건과 너무도 흡사하다는 생각이 든다.

K1아저씨가 K2아저씨를 포용하거나 압력을 넣어도 풀리지 않던 문제를 마을 이장이 마을 이름을 걸고 강하게 밀어붙이니 해결되듯이 남북문제도 미국이 UN제재 카드를 통해 압력을 가하자 풀어지는 것 같아 숙부님이 제안한 해법이 지금도 살아 움직이고 있음을 실감하게 된다.

북미간의 핵문제가 K2아저씨와 마을 이장간의 마을평화문제와 흡사하다는 것도 50여 년 전 숙부님의 제안에 대한 완성도를 높여 주는 것 같다.

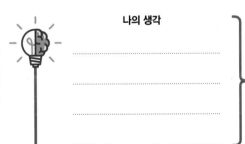

생각 연습

혹시 지금 누군가와 다투는 위치라면 다툼의 영향력이 어디까지 미치는지 판단해 보고, 만약 공동체에까지 미친다면 공동체의 힘에 의한 해법을 찾아야 하지 않을까?

나의 생각

115
명절별곡
(名節別曲)

　명절은 오랜만에 가족이나 친지들을 만나 혈연으로서의 정을 쌓고, 고향 친구들을 만나 옛날 추억을 이야기할 수 있기에 우리는 교통체증으로 도로가 꽉 막혀도 고향을 찾아가는 민족대이동행렬에 참여하게 된다.

　최근 아는 지인들과 대화 중 추석연휴를 어떻게 보낼 것인지 계획을 물어보니, 대부분이 추석 전날은 휴식을 취하거나 부모님을 만나기 위해 친가로 향하고, 추석 당일에는 차례와 성묘를 마치고 처가로 향하겠다고 했다.

　부모님이 다 돌아가시고 형제와도 가깝게 지내지 않는 한 선배는 해외여행을 가겠다고 했다. 불현듯 명절 대이동이 서울 중심의 귀성과 귀경의 대이동이 아닌, 명절 전날의 친가로의 차량행렬과 명절 당일 처가로 이동하는 행렬의 그림이 그려졌다.

　지난 설 명절을 더듬어 보더라도, 명절 당일 친구들에게 안부 인사를 할 때 대부분이 처가로 이동하고 있다는 통화내용이 명절 전 친가로, 명절 당일 처가로의 행렬을 잘 증명해 주고 있음이 확실했다.

　금번 연휴도 22일과 23일에는 친가로 달리는 차량의 행렬들이, 24일 오후에는 처가로 달리는 차량의 행렬들이 민족대이동의 장관을 만들 것이다. 또한 대가족시대의 명절은 딸이 명절 때 친정에 아예 발도 붙이지 못했으니 말할 것도 없지만, 소가족시대의 명절마저도 분가한 아들과 출가한 딸이 함께 만날 수 없으니 명절의 불편한 진실이 아닐 수 없다.

아들은 친가에서 명절날 오후 처가로 떠나는데, 그때 딸은 시댁에서 친정으로 오고 있어 아들과 딸이 만나기 힘든 상황이 되기 때문이다.

다행스러운 것은 부모 입장에서는 아들과 딸을 번갈아 만날 수 있다는 것이다. 그리고 명절날 아들이 처가로 간다고 부모들이 서운해 할 필요도 없는 게 딸과 사위가 찾아오기 때문이다.

나는 남매를 두었는데, 앞으로 두 자녀가 결혼해서 가정을 이루고 살 때 맞이하는 명절을 생각해 봤다. 명절 전날 저녁은 아들 가족과, 명절 당일 날 저녁은 딸 가족과 함께 보낼 준비를 해야겠다.

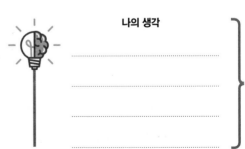

생각 연습

가족은 인류의 가장 핵심적인 DNA다. 그 핵심 DNA가 만들어내는 명절별곡이 아름다울뿐이다.

나의 생각

116
Know Where

보도문이나 기사에서 기본은 육하원칙을 지키는 것이다. "누가, 언제, 어디서, 무엇을, 어떻게, 왜(5w1h)." 기사 외에도 역사적인 사건이나 법조문 등 중대한 내용일수록 육하원칙에 의해 서술한다.

육하원칙 중에서도 인물 사건일 경우는 Know Who가 중요하고,
시기나 날짜가 중대한 사건일 경우는 Know When이 중요하고,
장소나 위치가 중대한 사건일 경우는 Know Where가 중요하고,
사건이나 목적 자체가 중대한 사건일 경우는 Know What이 중요하고,
과정이나 비법이 중대한 사건일 경우는 Know How가 중요하고,
미스터리 사건일 경우는 Know Why가 중요하다.

이 중 Know How는 산업화시대의 산물이라 할 수 있다. 물건을 어떻게 만드냐에 중점을 두었던 산업화시대의 의식이 일반 사건이나 일에서도 Know How가 제일 중요한 이슈로 등장했기 때문이다. 산업화시대를 거치면서 성장한 기성세대에게 있어 Know How는 매우 익숙한 언어로 기사나 주요 사건을 뛰어넘어 일상의 대화에서도 자주 사용되어 왔다.

얼마 전 영화 '서치'를 보면서 현대는 Know How시대가 아니라는 생각을 했다. 친구 집에서 과제를 한다며 나간 딸 마고의 연락이 끊기고 돌아오지 않자 컴퓨터 메신저와 유튜브 영상 등을 검색하며 사라진 딸의 흔적을 찾는 아버지 데이빗 킴의 긴박한 상황이 영화가 끝날 때까지 계속됐다.

데이빗 킴은 딸 마고를 찾기 위해 방법(How)을 알아내기(Know)보다는 딸의 흔적이 어디에(Where) 있는지 딸이 간 곳이 어딘지를 서칭하는 데 대부분의 시간을 할애했다. 메신저를 찾고 동영상을 찾고 메일을 찾고 딸 친구들의 전화번호를 찾았다. 모든 문제의 해답은 Know Where에 있었다.

최근에는 인터넷이 발달하면서 Know How는 누구나 쉽게 해결할 수 있다. 정보도 물품도 모든 것이 풍부한 현대사회의 이슈는 필요한 것이 어디에 있는지 찾아내는 것이 성공의 열쇠이다.

Know Where가 성공의 지름길이라는 뜻이다. 지금은 Know Where시대다. 그래서 내가 지금 어디에 있는지를 아는 것이 가장 중요하지 않을까?

생각 연습

매일 서칭으로 시작하는 우리의 삶과 서칭 자체가 성공의 핵심이 되고 있는 우리의 현실이 우리를 Know Where시대로 인도하고 있음을 생각해 본다.

나의 생각

....

....

....

....

117
인생보고서

내 손은 60살이고, 90kg이다.

내 입은 85살이고, 80kg이다.

내 코는 60살이고, 50kg이다.

내 손은 5억 원이고, 하얀색이다.

내 입은 5억 원이고, 파란색이다.

내 코는 2억 원이고, 회색이다.

내 손은 2개이고, 90점이다.

내 입은 1개이고, 85점이다.

내 코는 1개이고, 80점이다.

내 발은 120살이고, 200kg이다.

내 눈은 65살이고, 150kg이다.

내 귀는 65살이고, 100kg이다.

내 발은 90억 원이고, 황금색이다.

내 눈은 18억 원이고, 초록색이다.

내 귀는 5억 원이고, 분홍색이다.

내 발은 10개이고, 1,000점이다.

내 눈은 3개이고, 200점이다.

내 귀는 2개이고, 100점이다.

회갑을 맞이한 축구선수 출신 친구의 인생보고서다. 발을 많이 사용하는 선수였기에 발이 남들보다 늙었고 무게가 더 나가고 그만큼 발의 가치가 높을 수밖에 없다. 그래서 황금색 발이다.

또한 운동하는 선수로서 눈도 좋아야 상황대처를 잘할 수 있고 귀가 잘 들려야 센스 있는 플레이를 할 수 있기 때문에 발 다음으로 눈과 귀가 발달되어 있음도 알 수 있다.

배구선수는 손의 가치가 더 높고, 가수는 입의 가치가, 양궁선수는 눈이, 향료를 다루는 퍼퓨머(Perfumer)는 코가, 음악평론가는 귀의 가치가 다른 부위보다 훨씬 더 높을 것이다.

우리는 대부분 지금까지 살아온 인생보고서를 작성할 때, 학력, 재력, 직업, 명예 등의 항목으로 정리하는 것에 익숙하다. 그러나 위 보고서처럼 외적인 요소가 아닌 신체 부위만을 놓고 평가해 보는 것도 의미가 있을 것 같다.

어제 후배의 재판에 방청객으로 참가하여 재판 과정을 지켜봤다. 그런데 판사의 관심은 원고측 변호사와 피고측 변호사의 논리적인 주장보다는 후배의 신체에 난 상처에 있었다. 아무리 훌륭한 판사라도 사람의 입에서 나오는 말의 진위는 정확히 파악하기 힘들지만, 신체에 난 상처는 확실한 증거로 믿을 수 있기 때문일 것이다.

신체는 거짓말을 못하는 인생의 블랙박스가 아닐 수 없다. 위 축구선수 출신 친구의 60년 인생이 모두 담긴 가장 정확한 증거는 신체이듯이, 우리도 신체 부위를 통해 지금까지 살아온 삶을 종합 정리해 보면 어떨까?

생각 연습

위 보고서 양식에 의한 '인생보고서'를 한 번 작성해 보면 좋겠다(위 인생보고서는 필자가 만든 양식에 축구선수 출신인 지인이 스스로 작성해 본 것이다).

나의 생각

....

....

....

....

118
없어지거나 멀어지는 것이 귀한 것

만약 어린이에게 사탕 10개를 주면 처음에는 귀한 줄 모르고 잘 먹다가 사탕이 1-2개쯤 남으면 귀하다는 생각에 빨리 먹지 못한다. 그때 어린이는 사탕을 먹어서 없어졌다는 생각보다는 남은 사탕이 소중하다는 생각을 우선으로 하기 때문이다.

귀한 것은 많지 않고 적거나 쉽게 얻을 수 없고 어렵게 얻는 것이기에, 우리는 귀한 것을 소중하게 생각한다. 대신 흔한 것은 많거나 얻기 쉬운 것으로 우리는 흔한 것을 소중하게 생각하지 않는다. 옷이 많거나 옷을 쉽게 살 수 있는 사람은 옷을 소중하게 생각하지 않지만 옷이 없거나 옷을 쉽게 살 수 없는 사람은 옷이 매우 소중할 것이다.

우리 주변에서 점점 없어지거나 멀어지는 것들이 있다면 그 역시 없어지거나 멀어진다는 의미가 아닌 귀하고 소중한 의미로 받아들일 필요가 있다.

정년 후 일이 없어지고 많은 사람들이 멀어진다면, 일과 사람을 잃었다고 신세한탄만 하지 말고 일이 소중하고 사람이 소중하다는 의미로 받아들이면 된다. 철새가 멀리 멀리 떠나 더 이상 오지 않거나, 흉년이 들어 쌀 소출이 적어지거나, 부모님이 세상을 떠나거나 이 모든 것들을 우리는 귀하고 소중해지는 의미로 받아들여야 한다.

문 대통령도 지지율이 떨어질 때 지지율을 올리기 위해 애쓸 것이 아니라 국민이 얼마나 소중한가를 깨닫는 게 우선순위여야 한다.

가게도 매출이 떨어지고 고객이 오지 않기 시작한다면 가게를 새로 단장하고 새 상품을 진열하기에 앞서 고객을 귀하게 여기고 소중하게 여기는 마인드를 먼저 가져야 다시 고객을 불러들일 수 있다.

건강과 돈을 잃고 나면 건강과 돈이 귀하고 소중하다는 것을 깨닫듯이 우리 주변에서 사라지거나 멀어지는 것들이 있다면 그 모두가 우리에게 귀하고 소중해지기 시작했다는 것을 빨리 알아채야 우리의 삶이 더 풍성해질 것이다. 만약 우리 주변에서 아는 지인이 병마와 싸우고 있다면, 그 지인이 건강의 소중함을 느끼듯이 우리도 그 지인이 얼마나 우리에게 귀하고 보배 같은 사람인지 되짚어봐야 한다.

최근 우리에게서 없어지거나 멀어지는 것들이 무엇인지 고민해봐야 한다. 귀하고 소중한 것들의 답을 찾아야 하기 때문이다. 새로운 것도 꼭 필요한 것도 귀하지만, '없어지거나 멀어지는 것이 귀한 것'이라는 명제가 인생 후반의 답이다.

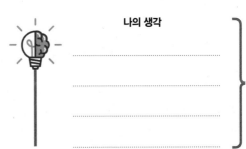

생각 연습

흔하면 상품이 되지만 귀하면 작품이 된다. 삶 속에서 귀하고 소중한 것들, 즉 없어지고 멀어지는 것들을 많이 찾아내어 인생 후반을 걸작품으로 살아가기 바란다.

나의 생각

....
....
....
....

119
자존감

　나는 요즘 주일을 맞이하면서 한 어린이를 만날 생각에 연인을 만나는 것처럼 들뜬다. 손하은 어린이다. 하은이와의 특별한 인연은 지난 봄 하은이가 나에게 코끼리 모양의 선물을 주면서부터 시작된다. 그 전까지는 하은이가 예쁘고 귀여운 어린이로 나와는 평범한 사이였지만, 코끼리 선물이 우리 인연을 특별하게 만들었다. 나는 하은이가 코끼리 선물을 기억하는지 확인도 하고 하은이와 친해지기 위해 주일마다 하은이에게 그 선물을 보여 주었다.

　하은이는 아주 영리한 어린이라 정확히 기억하고 있었다. 한 달쯤 됐을 때 하은이는 나에게 착한 일을 많이 하면 코끼리 선물의 파란 색깔이 점점 진해진다고 진지한 표정으로 말했다. 아마 유치원에서 배운 방식을 나에게 적용한 듯했다.

　나는 하은이가 만들어 준 규칙에 따라 하은이의 기대에 부응하기 위해 주일마다 코끼리 색을 조금씩 진하게 칠해 보여 줬다. 하은이 반응은 무척 행복해했고 마치 유치원 선생님이라도 된 듯 나에게 계속 착한 일을 하면 더 진하게 변한다며 칭찬하기까지 했다. 언젠가는 어린이에게 잘해야 더 진해진다고 했고, 처음에는 빨리 진해지지만 나중에는 색깔이 천천히 진해진다며 나를 위로해 주기도 했다.

하은이는 코끼리 얘기만 하면 신났고 자신감을 뛰어넘어 자존감을 가졌다. 스스로 만든 규칙에 의해 누군가가 행동으로 옮기는 것을 보고 성취감을 느꼈기 때문일 것이다.

요즘 신세대들이 엄청 똑똑하고 뛰어난데도 행복하지 못한 이유는 스스로 자존감이 없기 때문이다. 자신감이 없는 것보다 자존감이 없는 게 더 큰 문제다. 자존감은 자신에 대한 존엄성이 타인의 외적 인정이나 칭찬에 의한 것이 아니라 자신 내부의 성숙된 사고나 가치에 의해서 얻어지는 개인의식이다.

하은이는 내가 자신을 칭찬해서 자신감을 갖는 게 아니었고 하은이 스스로가 나에게 최면을 걸어놓고 그 최면이 자신의 뜻대로 진행되고 있는 상황을 경험하면서 성공의식과 함께 자존감을 쌓아가고 있음이 분명했다.

이번 주일에는 하은이를 만나지 못했다. 코끼리 선물을 보여 줄 때 하은이의 반응과 함께 하은이의 자존감 넘치는 모습을 볼 수 없어서 아쉬웠다.

앞으로 하은이가 하은이에게 다가올 수많은 환경 속에서도 계속 자존감으로 적응해 나아가기를 원하며 그래서 지금과 같이 당당하게 살아가는 하은이로 성장하기를 바란다.

생각 연습

자존감이 있는 사람은 자신감을 가지고 일하며, 실패해도 좌절하지 않고 다시 일어난다. 내 스스로가 나를 존중하는 마음, 즉 자존감은 자만이 아니고 최고의 사랑이라 생각된다.

나의 생각

120
처음처럼, 지금처럼, 나중처럼

계획을 세우고 처음 일을 시작할 때 대충하는 사람은 거의 없다. 시작은 그만큼 신선하고 성공의 출발점이기에 시작은 언제나 성실과 열정을 동반한다. 그래서 우리는 일하다가 힘들고 지치면 처음 시작할 때의 계획과 결심을 생각하곤 한다. '처음처럼'이 중요하기 때문이다.

또한 처음 계획과 상관없이 현재 최선을 다해 주어진 미션을 향해 열정적으로 뛰는 사람은 일이 지금과 같이 계속 진행되기를 바랄 것이다. '지금처럼'이 중요하기 때문이다.

그러나 어떤 일을 아직 시작도 하지 않고 계획만 세운 사람은 그 계획이 이루어질 상황을 미리 생각하며 나중을 동경하게 된다. '나중처럼'이 중요하기 때문이다.

한국 성인들이 즐겨 마시는 소주 중 '처음처럼' 매출이 1−2위를 다툰다고 한다. 국민 소주 '처음처럼'이 사랑받는 이유는 아마 오랜만에 만난 친구들의 술자리에서도, 화해하는 연인들의 술자리에서도, 프로젝트를 향해 뛰는 회사 직원들의 회식자리에서도, 처음처럼이 공통 구호로 적절하기 때문일 것이다.

그러나 현재 열애중인 연인들이나, 성공가도를 달리는 동업자들이나, 사는 게 힘들지만 현재 최선을 다해 열심히 노력하며 사는 사람들에게 '처음처럼'은 어울리는 구호가 아니다. '지금처럼'이 어울린다(오늘 소주 회사에 '지금처럼' 제안).

아직 아무것도 못하고 절망에 빠져있는 자들에게는 '나중처럼'이라는 구호가 위안이 될 것이고(역시 제안거리), 처음처럼은 시점이 과거에 있고 지금처럼은 현재에 나중처럼은 미래에 있다.

우리는 현재를 살고 있지만 과거와 미래라는 시점이 현재의 영역에 그림자처럼 따라다닌다. 그러하기에 처음처럼 변하지 않고, 지금처럼 열심히 뛰면서, 나중처럼 꿈이 있는 삶으로 살아야 행복할 것이다.

처음처럼, 지금처럼, 나중처럼이 우리 삶의 좌우명이 되면 어떨까?

생각 연습

현재(present)는 선물(present)이다. 우리 삶 곳곳에서 '지금처럼'이라는 구호가 많이 외쳐지기를 바란다. 지금처럼!

나의 생각

....

....

....

....

121
20년 후 아프리카가 기대된다

3년 전 코엑스에서 만난 라이베리아 무역회사 사장 Mr. Moostak에 의하면, 아프리카는 역사적으로 볼 때 유럽과 아메리카보다 아시아에 대해 더 호의적이라 했다. 아프리카 대륙이 유럽의 식민지였고, 제2차 세계대전 이후 아시아 대부분의 나라들이 짧은 기간 안에 독립한 반면, 아프리카 대륙은 유럽의 지속적인 식민지정책 고수로 인해 아시아보다 20년이나 더 늦은 1960년대까지 독립을 위한 투쟁을 해야 했기 때문이라 했다.

또한 17세기에는 유럽 상인에 의해 천만 명이 넘는 아프리카인들이 카리브해와 아메리카 대륙에 노예로 팔려가서 노동과 질병과 구속의 삶을 살아야 했던 과거가 아프리카가 유럽과 미국을 싫어하는 이유라 했다. 반면 아시아는 역사적으로 아프리카를 침략하지 않아서 친근감이 있다고 했다. 지금 아시아를 대표하는 중국은 아프리카 53개국 정상을 불러들여 600억 달러를 지원하겠다며 아프리카와의 경제협력에 박차를 가하고 있는 중이다.

벌써부터 아프리카 국가 정상들은 중국이 믿을 만한 협력동반자라며 중국의 호의적인 아프리카 정책에 박수를 보내며 환영하는 분위기다. 그러나 유럽과 미국에서는 중국의 아프리카 경제지원을 부채외교라며 중국이 아프리카에 세계은행이나 기타 개발은행보다 더 좋은 조건으로 돈을 빌려 주지만 결국은 아프리카가 차관을 갚을 수 없는 채무국가로 전락하고 말 것이라고 비난했다. 유럽은 중국의 아프리카정책을 비난하기 전에 아프리카를 대표하는 남아프리카공화국 내 40만 명이 넘는 화교들의 피와 땀과 노력을 눈여겨봐야 한다. 그들은 유럽 제국주의와 달리 지난 60년 동안 아프리카의 전통과 문화를 존중하고 무엇보다 침략과 약탈의 이미지에서 벗어나 상생의 원칙에 의해 아프리카를 사랑했다. 또한 학교, 병원, 도로를 중국 정부지원을 통해 건설하게 했고, 중국문화가 자연스럽게 보급되도록 노력하여 중국어를 배우는 아프리카인들이 급속도로 늘 수밖에 없도록 만들었다. 유럽과 미국은 과거에 자신들이 침략과 인종차별을 일삼았던 현장에 중국 화교가 들어가 성실과 진심을 다해 이룬 지금의 상생과 협력의 분위기를 평가절하해서는 안 된다.

1960년대 후반 시작된 중국의 아프리카 지원사업이 마치 한국이 일본의 식민지에서 해방된 직후 지속적인 지원과 사랑을 베풀었던 미국과 흡사하다는 생각을 해 본다. 시점으로 보면 한국과 미국의 경제협력보다 중국과 아프리카의 경제협력이 20년 늦다.

20년 후 아프리카의 부흥된 모습이 기대된다. 물론 중국의 지속적인 지원이 있을 때만 가능한 일이다.

생각 연습

만약 중국과 아프리카의 경제협력이 성공한다면 20년 후엔 중국의 GDP기 미국을 앞지를 것이라는 예측을 해 본다. 우리 정부와 단체와 국민도 아프리카에 더 많은 관심을 가져야 할 때라 생각된다.

나의 생각

....

....

....

....

122
이사

내일 교회 권사님이 이사를 한다. 이사하는 곳은 20년 전부터 재개발된다며 방치된 지역이라 주변 주택들이 낡아 보였다. 골목도 차가 겨우 한 대 비켜갈 정도로 좁았고 거미줄처럼 늘어진 전선들도 이곳이 미개발 지역이라는 것을 체감하게 했다.

그런데 어제 권사님이 새로 입주하는 집에 들러 교회 식구들과 함께 청소와 도배 일을 도와주면서 '이곳이 바로 천국이구나'라는 생각을 하게 되었다. 불현듯 남들과 달리 특별한 방법으로 집을 구입한 어느 중국 노인의 이야기가 생각났기 때문이다. 중국 노인은 집 주인이 내놓은 금액보다 두 배를 주고 집을 구입했는데, 이유는 그 주변 환경 때문이었다.

무엇보다 가장 중요한 이유는 주변에 좋은 사람들이 많아서 주변 시세보다 두 배를 주고 사도 아깝지 않다고 말했다 한다. 그리고 그 노인은 두 배의 집값을 치렀기에 그에 걸맞게 남들보다 좋은 환경을 만끽하면서 좋은 이웃들과 두 배로 행복하게 살 수 있었다는 이야기다.

나는 내일 이사하는 권사님도 정말 이사를 잘한다고 생각했다. 권사님이 이사하는 곳은 재래시장이 10분 거리에 있고, 교통도 5분만 걸어가면 어느 곳이든 갈 수 있는 사통팔달이고, 공기도 깨끗한 편이고 인적도 드물어서 조용하기까지 했다.

어제 만난 동네 주민은 이곳이 범죄발생도 거의 없으며 무엇보다 주민들이 착하고 온순해서 살기 좋은 청정지역이라고 말했다. 특별히 100m 거리에 사랑의 사역자 목사님과 봉사와 음식을 잘하시는 사모님이 살고 있고, 바로 옆집에는 천사 같은 권사님과 대접하기를 좋아하는 장로님이 계시고, 그리고 성실한 두 집사님들이 살고 있고, 앞으로도 올해 안에 권사님 댁으로 남양주에서 목사님 가정이 이주하기로 했고, 청량리에서 잘 생기고 착한 집사님도 이주하기로 했으니 권사님은 정말 이사를 잘한 것이 맞다.

집값의 3배를 주어도 아깝지 않을 곳으로 이사한 권사님의 삶이 남들보다 3배는 더 행복해질 것이다. 앞으로 나도 새로 이사를 한다면 중국 노인처럼 건물이나 도로나 기타 시설들도 중요하지만 그보다 이웃사람들이 어떤 사람들인지를 더 중요시해야겠다고 생각했다.

아무리 좋고 편리한 주택 조건이라 할지라도 주변에 강도나 성범죄자나 파렴치범들이 살고 있다면 그곳은 결코 좋은 집이 될 수 없다.

생각 연습

현재 거주하고 있는 집 주변에 어떠한 사람들이 살고 있는지 잘 살펴보는 하루가 되기 바란다.

나의 생각

....

....

....

....

259
이사

123
New 황금비율

고대 그리스에서는 아름다움을 논할 때 비율을 중요시했기에 그리스의 대부분의 건축물, 미술 작품, 신전 등에는 황금비율의 비밀이 숨어 있다.

피타고라스의 황금비는 1.618:1이다. 당시 피타고라스가 여러 모양의 사각형을 놓고 사람들에게 가장 안정적인 사각형을 고르라고 실험했을 때, 대부분의 사람들은 황금비율이 들어 있는 사각형을 골랐다. 피타고라스의 황금비가 사람이 시각적으로 느끼는 가장 안정적인 비율이 확실하다는 증거였다.

산업화시대까지 황금비율은 전 세계적으로 확산되었고 세계 각국의 문화속에 침투하여 생활용품에서 예술 작품에 이르기까지 황금비가 적용되면서 아름다움을 추구하는 인류에게 지대한 역할을 해 왔다. 그런데 인터넷시대에 컴퓨터가 등장하면서 사람들에게 안정감을 주는 비율이 달라졌다.

모든 업무를 컴퓨터로 작성하고 출력하면서 일하는 컴퓨터세대에게 가장 익숙한 비율의 사각형은 컴퓨터 출력용지(A4 A3 S3 등)였다. 컴퓨터 출력용지 비율은 $\sqrt{2}(1.424):1$이다. 반절씩 접는 횟수에 따라 A1, A2, A3, A4용지가 되며, 가로와 세로의 비율은 모두 $\sqrt{2}(1.414):1$이 된다.

하나의 직사각형을 긴 변 기준으로 반절씩 계속 나눌 때 ½로 나누어진

직사각형이 계속 닮은꼴이 되기 위해서는 긴 변과 작은 변의 비가 $\sqrt{2}:1$이 되어야 하기 때문이다(증명은 아래 단상에서).

만약 현대인들에게 황금비(1.618:1)가 적용된 사각형과 $\sqrt{2}$비(1.414:1)가 적용된 사각형을 놓고 안정적인 사각형을 고르라고 한다면 어떨까? 아마 90% 이상의 사람들은 $\sqrt{2}$비가 적용된 사각형을 고를 것이다. 컴퓨터세대인 현대인들은 이미 컴퓨터 출력용지에 매우 친숙해 있기 때문이다.

최근에는 급속도로 문화가 변화를 꾀하면서 영상을 통한 삶의 만족과 아름다움을 추구하는 사람들이 많다. 영화관이나 동영상의 스크린이 우리에게 가장 익숙한 사각형으로 안정감을 줄 수 있겠다는 생각도 해 본다.

영화관이나 일반 동영상의 스크린 비율은 대부분 $\sqrt{3}:1$(1.732:1)이다. 만약 영화관이나 동영상 스크린에 익숙한 젊은이들에게 황금비율 사각형과 $\sqrt{2}$비율 사각형과 $\sqrt{3}$비율 사각형을 놓고 안정감을 주는 사각형을 고르라고 한다면 어떨까?

피타고라스 황금비율에 이어 $\sqrt{2}$비율과 $\sqrt{3}$비율도 New 황금비율로 모두 다 우리 인류에게 안정감을 주는 아름다운 비율이 아닐 수 없다.

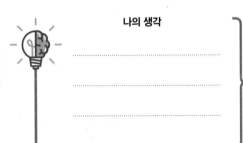

생각 연습

세상이 변하면서 황금비도 변한다는 생각을 해 봤다. 포괄적 황금비 ($\sqrt{2}$~$\sqrt{3}$):1 정도면 충분히 아름답지 않을까?

나의 생각

124
시간은 좌표에 불과하다

지구가 6,000년 전에 생성되어 10,000년이 되어 소멸한다고 가정하고, 10,000까지 숫자가 표시된 선을 그어놓고 볼 때 인류는 6,000개의 시각을 거쳐 6,000년이라는 시간을 지구에서 살아왔고 앞으로 4,000개의 시각과 함께 4,000년이라는 시간을 더 살 수 있다는 해석을 할 수 있다.

위 가상에서와 같이 시각과 시간은 사람이 기준을 정해 놓고 사용하는 유용한 수치이자 좌표에 불과하다. 시각과 시간은 사람이 사람의 편리를 위해 만든 것이지 원래부터 스스로 있어서 움직이는 존재가 아니다.

우리 역사를 보면 모든 분야에서 시간의 개념을 흘러가는 존재로 적용하고 있지만 실제 시간은 사람이 규정한 수준(년,월,일,시)에서 영원까지 이미 정해져 있으므로 시각은 우리가, 즉 지구와 인류가 진행해 나아가는 선상의 좌표이고 시간은 그 좌표들과 좌표들과의 사이에 불과할 뿐이다.

1958년생들은 올해 회갑을 맞이하고 있다. 위 가상의 예로 설명해 보면, 100세 인생을 사는 1958년생들은 지난 60년이라는 흘러가는 세월을 따라 산 게 아니라, 당당하게 우리가 60개의 시각인 생일이라는 좌표를 찍고 60년이라는 시간을 활보하며 살아왔던 게 확실하다.

이제 남은 40개의 좌표도 세월에 맡기지 말고 스스로 자신감을 가지고 후회 없는 멋진 자신만의 삶을 만들어야 한다.

　시간(시각)은 스스로 흘러갈 수 없고 스스로 움직일 수 없다.

　시간(시각)은 우리 인생 계획표에 표기된 하나의 좌표에 불과하다.

　시각과 시간이 적혀 있는 움직이지 않고 정지되어 있는 인생길을 우리 모두 신나는 人生車로 힘차게 달려가야 보람 있는 삶이 될 것이다. 세월(흘러가는 시간)에 맡기는 잘못된 삶을 살아서는 안 된다.

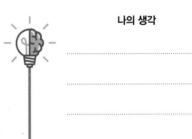

생각 연습

"시간"이라는 개념을 조금이나마 깊이 생각할 수 있는 기회가 되었으면 좋겠다. 그래서 시간에 끌려 다니지 않고 시간을 다스리는 삶이 되길 바란다.

나의 생각

....

....

....

....

125
자막

얼마 전 친척모임 때 조카들의 장기자랑하던 모습을 동영상으로 제작하던 고등학생 조카가 영상과 대화 내용만 있는 1차물을 보여 주었을 때는 매우 허접하다는 생각을 했지만, 배경음악을 넣은 2차물에 이어 자막을 넣은 완성물은 모든 사람들이 감탄할 정도로 훌륭한 동영상으로 변해 있었다.

조카는 자막을 어떻게 넣느냐에 따라 작품의 수준과 전달하고자 하는 내용의 정도가 확연하게 달라진다며 자막을 넣는 게 제일 어렵다고 했다.

자막은 영상 구성의 주요 요소로서 영상의 상황을 알려 주는 보조역할과 말이나 생각을 그대로 표현하여 확실한 의사전달을 해 줄 뿐만 아니라 사실과 관계없는 말풍선을 넣어 흥미를 유발하기도 한다.

영화나 드라마는 픽션이 아닌 논픽션의 영상이기에 자막(번역 자막 제외)을 사용하지 않지만, 리얼리티를 중요시하는 TV 뉴스나 프로그램에서는 자막이 약방의 감초 역할을 하고 있다. 특히 예능에서는 여러 사람이 동시에 하는 말과 생각과 표정을 자막을 통해서 모두 알림으로 다양성을 높이고 PD의 생각이나 관람자의 말까지도 의도적으로 표현함으로 흥미의 수준을 높일 수 있기에 예능이야말로 자막을 잘 활용해서 성공한 케이스라 할 수 있다. 어찌 보면 우리 삶도 하나의 동영상이라 할 수 있는데, 그렇다면 우리 인생의 자막은 무엇일까?

먼저는 우리가 살면서 강조하는 말이나 글들이 첫 번째 자막일 것이며, 또한 우리를 아는 사람만이 우리에 대해서 알릴 수 있으니 우리를 아는 사람들의 우리에 대한 평가도 우리 삶의 자막일 것이다.

우리 인생의 동영상에 나오는 자막 중 어머님이 자식을 대하는 언어와 생각과 감정, 결혼을 약속한 연인들의 속삭임이나 생각 그리고 누군가를 위해서 기도하는 모습 등등이 우리 인생의 최고의 자막이 아닐 수 없다.

인생의 동영상을 걸작으로 만들기 위해서는 우리 인생의 자막도 잘 쓰여져야 하지 않을까?

생각 연습

우리 모두의 인생은 한 편의 거대한 작품이다. 지금까지의 인생의 자막도 돌아보기 바라며, 앞으로는 더 아름다운 자막을 쓰기 바란다.

나의 생각

....

....

....

....

126
포크레인

10년 전 추운 겨울에 일본 큐수지방에 배낭여행을 다녀온 어느 목사님의 얘기에 의하면, 후쿠오카에서부터 남단인 사쿠라지마까지 펼쳐진 일본 농촌에는 각 농가마다 자그마한 포크레인이 하나씩 창고에 있었고, 그 포크레인은 농사짓고 난 후, 밭의 흙을 모으거나 다시 펼치는 데 사용되는 농작에서 없어서는 안 될 중요한 농기구라고 들었다 한다.

농사를 마치고 겨울에 밭의 흙을 모아 산더미처럼 쌓아 두고, 토양의 상태를 점검하기 위해 샘플을 채취해서 농업기술연구소에 보내 진단을 받고, 이듬해 농사지을 품목에 적합한 토양을 만든 다음, 봄에 다시 밭에 양질의 토양을 골고루 펼치는 일본 농촌의 지혜가 '과연 과학영농의 최첨단을 달리는 일본이구나'라는 감탄을 하지 않을 수 없게 한다.

한국 농가도 옛날에는 쟁기라는 농기구가 있어 땅을 갈아엎어 잡초를 제거하고 상층의 토양과 하층의 토양을 뒤바꿈으로 건강한 토양을 만드는 데 사용해 왔고, 요즘은 트랙터가 사용된다고 한다. 한국의 쟁기나 트랙터를 활용한 방식은 밭의 30cm 정도의 겉토양을 갈아엎는 수준의 작업이지만 일본의 포크레인 방식은 겉토양 30cm의 토양을 전부 긁어모아 한곳에 쌓아서 토양을 개조시킴으로 토양을 100% 바꿀 수 있는 방식이라 할 수 있다.

우리 삶도 뭔가 새로운 일을 시작할 때 마음이라는 정신적인 토양을 새로운 일에 적합하게 만들어야 하는데, 쟁기나 트랙터로 적당히 갈기보다는 포크레인으로 과거의 모든 상황을 다 끌어 모아서 진단을 받고 새 일에 적합한 마음으로 확실하게 바꾼 다음 다시 재무장하는 마음의 토양을 만들어야 할 것이다.

얼마 전 공무원 임기를 마치고 자칭 도시농부로서 밭으로 출퇴근하며 농사일에 전념하는 친구에게 자그마한 포크레인을 꼭 선물하고 싶다.

생각 연습

우리 삶에는 때론 기경(起耕)만으로는 부족할 때가 있다. 무슨 일을 시작할 때는 일본 농가의 포크레인을 기억하면 좋겠다.

나의 생각

....

....

....

....

127
베풂

성경의 누가복음에 의하면, 예수는 자기를 초대한 주인에게 말하길 식사를 대접하려거든 친구와 형제와 친척과 잘사는 이웃을 초대하지 말라 하셨다. 이유는 그들이 다시 너를 초대하여 갚을 것이기 때문이라고 하셨다. 그리고 말씀하기를 가난한 사람과 병든 사람과 절름발이와 맹인들을 초대하라고 하셨다. 이유는 그리하면 심판하실 때 갚을 수 없는 사람들을 초대한 대가로 하나님께서 보상해 주시기 때문이라 하셨다.

갚을 수 없는 자에게 베푸는 것이 위 내용의 핵심이다.

우리의 베풂은 어떠했을까? 갚을 수 있는 자에게 베풀기를 좋아했고 베풂에 대한 보상이 없으면 배은망덕한 자라고 비난까지 하곤 했다. 아니 베풂을 드러내고 싶어서 애를 쓰기도 하지 않았는가.

우리 주변에서 베풂에 대해 갚을 수 없는 자들은 누구일까? 일반적으로는 빈곤층이나 약자들이 해당되겠지만, 개인적으로 볼 땐 다양한 형태의 사람들이 존재할 것이다. 자신이 가진 장기나 재능 등을 가지지 못한 자들이 그 대상일 것이다.

그렇다면 베풂을 받은 자가 베푼 자에게 보상하는 것이 베푼 자의 하늘의 상급을 빼앗는 것일까? 성경의 가르침에 의하면 틀린 말은 아니지만, 위 내용이 베푸는 자에게 주는 메시지이지 베풂을 받은 자에게 주는 메시지가 아니기 때문에 답을 찾지 않아도 될 것 같다. 다만 베풂 받은 자가 베푼 자가 아닌 베풂이 필요한 제3자를 찾아 그에게 베푸는 것이 서로가 하늘의 상급을 받는 방법이 될 것이다.

우리가 이 땅이 아닌 하늘에서의 상급을 원한다면 갚을 수 없는 자에게 많이 많이 베푸는 삶을 살아야 할 것이다.

생각 연습

아무도 모르게 하는 베풂은 금이고, 보상을 생각하지 않는 베풂은 은이다. 나는 베풂에 대해 어떠한 생각과 태도를 가지고 있는지 생각하는 하루가 되길 바란다.

나의 생각

128
동욱이

재래시장 지하 식당에서 가끔씩 만나는 후배로부터 어제 문자가 왔다.

'선배님, 무더운 날씨인데 건강 챙기시고 즐거운 하루하루 되십시오. 동욱이

휴가 마치고 귀가하면 동욱이가 폰 드릴테니 만나서 저녁식사하면 고맙겠습

니다. 동욱이 드림'

위 문자에 나타나듯이 후배는 평소 대화 중에도 '내가'나 '제가'라는 말 대신 '동욱이는, 동욱이가, 동욱이를, 동욱이에게' 등등 자신의 이름 두 자를 꼭 넣어서 표현한다. 그래서 그런지 후배는 자기가 한 말에 대해 100% 책임을 지는 편이며, 1년 정도 겪어봤는데 정직하고 깨끗하고 순수한 성품으로 요즘 보기 드문 맑은 사람이 확실했다.

교회에서도 '하나님은 나를 사랑합니다'를 고백할 때 '나' 대신 자신의 이름을 넣어서 더 신실한 고백을 하게 훈련시키기도 한다. 증인 선서나 연설문 낭독 등 중요한 상황에서도 자신의 이름을 사용해야 한다.

이름은 사람을 구분하는 성격을 뛰어넘어 사람을 대표할 뿐만 아니라 사람의 존재 가치를 인정해 주는 고유명사다. 그렇기 때문에 대화 중 상대의

이름을 불러 줄 때 친근감을 느끼며 숙연해지고 서로 공감대를 갖게 되어 결국 마음 문을 열 수 있게 된다.

자신의 이름을 계속 부르며 대화한다는 것은 먼저 자신을 사랑한다는 것이고 자신의 말이 떳떳하고 그 말에 대해 책임질 수 있다는 표현이며, 이름은 그 사람의 정체성을 나타내기에 말의 믿음과 신뢰를 보여 주는 것으로 자신의 이름을 계속 외치는 것은 자신의 말에 인감도장을 계속 찍는 신뢰의 행위가 아닐 수 없다.

고유명사를 대표하는 '나'가 없었으면 어땠을까? 언어의 묘사나 기술적인 차원이나 편리성에서는 뒤떨어졌을지 몰라도 '나'라는 단어 대신 이름을 계속 사용함으로 사회는 더 진솔해지고 정직해지지 않았을까 조심스럽게 생각해 본다.

동욱이라는 후배를 생각하면서 나도 손자들이 태어나면 꼭 자신의 이름을 부를 수 있도록 가르쳐야겠다고 다짐을 해 본다.

생각 연습

남이 불러주는 나 자신의 이름보다
나 스스로 부르는 내 이름이 나를 더
신실하게 인도하리라 믿는다.

나의 생각

....

....

....

....

129
계절을 훔쳐 간 에어컨과 히터

처가 가족들과 태안반도에 있는 펜션으로 2박3일 여름휴가를 다녀왔다. 우리나라가 4계절이 아닌 2계절의 아열대 국가가 되었다는 게 첫날 저녁시간 토론 주제였다.

계절은 지구의 자전축이 23.5도만큼 기울어진 상태에서 공전하기 때문에 발생하며, 기후가 비슷한 시기끼리 묶여져 구분된다. 특히 우리나라와 같이 중위대에 있는 온대지역에서는 4계절의 변화가 뚜렷하게 나타난다.

온대지역의 4계절을 구분해 보면, 꽃이 피거나 따뜻한 날씨가 지속되는 3,4,5월이 봄이고, 녹음이 지거나 더운 날씨가 지속되는 6,7,8월이 여름이고, 단풍이 들고 선선한 날씨가 지속되는 9,10,11월이 가을이고, 낙엽이 지며 추운 날씨가 지속되는 12,1,2월이 겨울이다.

최근 기상청에 의하면 우리나라 연평균기온은 현재 12.5도이고, 지난 30년 동안 1.2도 올랐고 앞으로도 계속 오를 것으로 예상되며, 2100년쯤에야 연평균기온이 18도까지 오르면서 남부지방만 아열대 대열로 진입할 것이라 한다. 그런데 우리는 왜 나라 전체가 벌써부터 아열대 기후라고 인식하고 있을까?

기후 관련 상품으로 여름을 대표하는 에어컨과 겨울을 대표하는 히터는 우리가 쉽게 접할 수 있으나, 봄과 가을을 대표하는 기후 관련 상품은 찾아보기 쉽지 않는 데서 그 원인을 찾아볼 수 있을 것 같다.

우리나라는 아직도 4계절이 뚜렷한 온대지역으로, 3,4,5월은 확실한 봄이지만 3월까지도 히터를 사용함으로 3월이 겨울로 느껴지며, 5월부터 에어컨을 사용함으로 5월이 여름으로 느껴진다. 가을 역시, 9,10,11월로 확실한 가을의 계절이지만 9월은 에어컨이, 11월은 히터가 여름과 겨울로 계절을 착각하게 만든다. 그래서 봄은 4월 한달로, 가을은 10월 한 달로 짧다고 우리는 알고 있으며, 상대적으로 여름과 겨울은 5개월로 길다고 알고 있다.

문제는 더위와 추위에 약해진 우리가 에어컨과 히터 문화에 익숙해져 에어컨을 사용하면 여름이고, 히터를 사용하면 겨울이라고 인식을 하는 데 있다. 만약 에어컨과 히터가 없었다면 우리는 지금도 봄,여름,가을,겨울을 골고루 3개월씩 누릴 수 있었을 것이다. 에어컨과 히터가 훔쳐 간 봄과 가을의 계절을 되찾는 방법을 고민해 볼 일이다.

봄과 가을의 계절이 풍족할수록 덥지도 춥지도 않은 여유로움이 우리 마음을 더욱더 안정적이고 평안하게 만들 것이다.

생각 연습

여기서 에어컨은 누진세가 적용되는 가정용 에어컨이 아닌 자동차나 산업용 에어컨을 의미한다. 봄과 가을을 되찾아 조금이라도 더 여유 있는 삶이 되기 바란다.

나의 생각

....

....

....

....

130
쉬운 것, 어려운 것

우리 삶에는 쉬운 것과 어려운 것이 많이 있다. 쉬운 것은 의지만 있으면 누구나 할 수 있지만, 어려운 것은 아무나 할 수 없다. 우리는 어려운 관문을 잘 통과한 사람을 성공자라 부르며 부러워한다. 쉬운 것은 익숙한 것이고, 어려운 것은 익숙하지 않은 것이기도 하다.

의사가 치료하고 농부가 농사짓는 것은 쉽지만, 농부가 치료하고 의사가 농사짓는 것은 여간 어렵지 않다. 우리는 어려운 관문을 잘 통과한 후 오랜 경험을 바탕으로 익숙해진, 그래서 쉬운 것이 된 전문지식을 남에게 베푸는 사람을 봉사자라 부르며 존경한다.

얼마 전 아프리카에서 구제 및 봉사활동을 하는 사람들의 뉴스를 보면서 '봉사는 나에게 쉬운 것을 하면서, 남의 어려운 것을 해결해 주는 것' 이라는 생각을 했다. 봉사자들은 자신이 잘할 수 있는 쉬운 것을 행했을 뿐인데 아프리카 현지인들에게는 자신들이 스스로 할 수 없는 어려운 것들이 해결됐기 때문이다.

우리 사회도 어떤 일을 쉽게 할 수 있는 사람들이 그 일을 스스로는 도저히 해결하지 못하는 사람들을 도와주어야 아름다운 사회로 발전할 것이다.

남의 것을 빼앗는 것은 어렵지만, 남에게 베푸는 것은 쉽다. 차지하는 것은 어렵지만, 양보하는 것은 쉽다. 올라가는 것은 어렵지만, 내려가는 것은 쉽다.

성경은 남의 것을 빼앗지 말고 좋은 자리를 탐하지 말고 낮은 자세로 이웃을 섬기라고 말한다. 즉, 어려운 것을 하지 말고 쉬운 것을 하라는 뜻이다.

예수도 사람이 보기에는 어려운 길을 걸었지만, 예수 스스로 보기에는 무척 쉬운 길을 걸었을 뿐이다. 천국에서는 왕이신 예수가 이 세상에서는 거지로 산 것만 보더라도 예수의 삶이 쉬운 길이었음을 알 수 있다.

이기주의자는 어려운 것만 추구하니 인생이 힘들지만, 이타주의자는 쉬운 것을 추구하니 인생이 편하다. 나이에 상관없이 지금 내가 할 수 있는 쉬운 것이 무엇인지 찾아보고 나에게 있어 쉬운 것을 필요로 하는 이웃이 누군지 살펴봐서 지금 당장 이웃사랑을 실천해 보면 어떨까?

세상은 어려운 목표를 달성한 자를 성공자라 하지만, 예수는 쉬운 것을 실천하는 자를 성공자라 말하고 있음을 되새겨 볼 일이다.

생각 연습

우리 사회가 헤아림에 익숙한, 배려와 돌봄이 있는 사회기 되길 희망해 본다. 쉬운 것을 실천하는 자가 성공자다.

나의 생각

....

....

....

....

THINKING

PRACTICE